贵州省中等职业学校精品课程教材

数　学

主　　编：王　刚　李　谊
主　　审：吴继康
副 主 编：柴艳玲
参编人员：（按姓氏笔画排列）
杨　赟　杨万梅　李　曦
吴继康　陈小丹　金瑾芸
柴艳玲　梁勇锋

中国建材工业出版社

图书在版编目（CIP）数据

数学/王刚，李谊主编．--北京：中国建材工业出版社，2019.10

贵州省中等职业学校精品课程教材

ISBN 978-7-5160-2695-3

Ⅰ.①数…　Ⅱ.①王…　②李…　Ⅲ.①数学课—中等专业学校—教材　Ⅳ.①G634.601

中国版本图书馆 CIP 数据核字（2019）第 211457 号

数学

Shuxue

王　刚　李　谊　主　编

出版发行：中国建材工业出版社

地　　址：北京市海淀区三里河路 1 号

邮　　编：100044

经　　销：全国各地新华书店

印　　刷：北京鑫正大印刷有限公司

开　　本：787mm×1092mm　1/16

印　　张：8.75

字　　数：170 千字

版　　次：2019 年 10 月第 1 版

印　　次：2019 年 10 月第 1 次

定　　价：42.00 元

本社网址：www.jccbs.com，微信公众号：zgjcgycbs

出版说明

为贯彻落实“以就业为导向，以能力为本位”的办学指导思想，针对中等职业学校培养目标的需要，充分体现文化课功能化的要求，根据各专业对数学知识的实际需要，以及多年教学经验，编写本教材。“坚持教育创新，深化教育改革，优化教育结构，合理配置教育资源，提高教育质量和管理水平，全面推进素质教育，造就数以亿计的高素质劳动者、数以千万计的专门人才和一大批拔尖创新人才”是对教育工作者提出的根本任务。职业教育的改革与发展，正迎来一个美好的春天，在经历辛勤的耕耘之后，一定会有一个硕果累累的金秋。

数学作为当前中等职业学校课程教学中的有机组成部分，是中等职业教育阶段的一门主要文化基础课程，具有很强的工具功能，是学生学习其他基础课程、专业课程以及职业生涯发展的基础。让学生认识数学的科学价值、文化价值、应用价值，提高发现问题、分析和解决问题的能力，在提高学生自身认知能力以及解决问题能力等诸多方面都起着非常重要的作用。

本教材参考学时数如下表所示：

章内容	总学时	讲授	实践
第 1 章 预备知识	42	20	22
第 2 章 集合	22	10	12
第 3 章 不等式	16	8	8
第 4 章 函数	16	8	8
第 5 章 指数函数与对数函数	28	13	15
第 6 章 任意角的三角函数	36	17	19
合计	160	76	84

本教材在编写过程中，参阅了其他相关的教材和资料，得到了学院的大力支持。由于编写时间仓促，本教材中错误或不当之处在所难免，敬请广大师生在使用过程中提出宝贵意见和建议，使之日臻完善。

编　者

2019 年 6 月

前　言

职业教育是国民教育事业的重要组成部分，在实施科教兴国战略和人才强国战略中具有特殊的重要地位，是促进经济社会发展和劳动就业的重要途径。《国务院关于大力发展职业教育的决定》提出："要把发展职业教育作为经济社会发展的重要基础和教育工作的战略重点，体现了党中央、国务院对发展职业教育的高度重视。中等职业教育的根本任务，就是培养适应现代化建设需要的高素质劳动者，培养生产、服务、管理一线的应用型人才"。因此，中等职业教育要从劳动力市场的实际需要出发，坚持以就业为导向，以能力为本位，着力加强劳动者的实际技能，全面提高劳动者的综合素质。

本教材密切结合企业的实际工作，充分考虑了学生的学习兴趣及其能力的培养，其特色可以概括为：

一、案例导入。本教材精选了大量实际教学案例，引发学生的思考，让学生带着问题去学习，带着问题去理解，知识点清晰，够用为度，充分调动了学生的学习积极性，激发学生的学习热情。

二、主线明确。本教材内容新颖，贴近岗位实际，以工作岗位为中心，以工作流程为导向，设计各章知识点的教学内容。难能可贵的是，既关注学生就业的根本方向，强调教材内容要有助于学生迅速适应工作的要求，又关注学科发展方向，强调教材要有助于学生职业能力的培养。

三、体例创新。突破传统教材模式，着眼于提高学生实际操作能力和就业能力，打破以学科划分编写教材的模式，本系列教材包括"教学目标""案例导入""章节知识点""知识练习""应用与策划"。扩展了教材界域，将其视为一个教学资源库，从而能集实践、知识、操作于一体，有利于教与学、做与学的整合。

四、主体凸显。本教材以学生为主体，以操作为中心，消除传统教学满堂灌的弊端，强调学生参与操作、参与思考、参与动手，既有利于学生主动探索和创新精神的培养，又有助于学生责任感和协作精神的形成。

五、针对性强。本教材知识练习题型全面，针对性很强，单项选择、判断题、简答题、案例分析、应用与策划，力求达到理论联系实际、解决实际问题、锻炼和提高学生实践能力、动手能力。

本教材由王刚、李谊担任主编，由吴继康担任主审，由柴艳玲担任副主编，由杨赟、杨万梅、李曦、吴继康、陈小丹、金瑾芸、柴艳玲、梁勇锋担任参编。

由于编者水平有限，本教材中不足之处难免，敬请广大师生批评、指正。

本书编写组

2019 年 6 月

目　录

第1章　预备知识

数学来源于生活且服务于生活，它渗透在我们生活的每一个角落。数展现了大自然的美丽，方程诠释了生活的快乐，它们会将我们生活中的许多复杂问题简单化。本章学习的知识，会带你走进数学的大自然，学完这些知识，你定会回味无穷。

【本章学习目标】

学完本章内容，你将能够

◎感受生活中的数学，了解相关的数与式的概念

◎进行实数及代数式的简单运算

◎理解方程、方程组的概念，会解一元一次方程、一元二次方程及简单的一次方程组

◎用方程解决实际问题

◎解一元一次不等式和一元一次不等式组

1.1　数与式

探究

有一种“二十四点”的游戏，其游戏规则是：任取4个整数（每个数用且只用一次）进行加、减、乘、除四则运算，使其结果等于24。例如，对1、2、3、4可做计算（1+2+3）×4，与4×（1+2+3）应视为相同方法的运算。

现有4个整数3，4，−6，10，请运用上述规则写出三种不同方法的运算式，使其结果等于24，请你想一想，能解决这个问题吗?

1.1.1　有理数的概念及其运算

我们已经学过整数和分数。

$$\text{整数}\begin{cases}\text{正整数：如}1,2,3,\cdots\\\text{零：}0\\\text{负整数：如}-1,-2,-3,\cdots\end{cases}$$

分数
- 正分数：如$\frac{1}{2}$，$\frac{1}{5}$，5.2，…
- 负分数：如$-\frac{1}{3}$，-3.5，$-\frac{5}{6}$，…

我们把整数与分数统称为有理数。（注意：有理数总可以用有限小数或无限循环小数表示，反过来，任何有限小数或无限循环小数也都是有理数。）

我们还学过实数，有理数和无理数统称为实数。（无限不循环的小数叫作无理数。如 $\pi=3.1415926\cdots\cdots$，$\sqrt{2}=1.4142\cdots\cdots$。）

思考交流

什么是数轴？如图 1-1-1 所示。

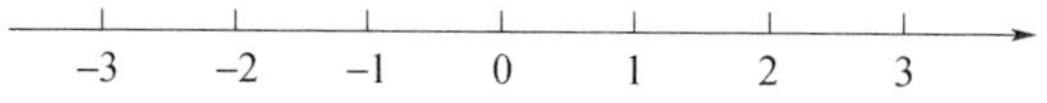

图 1-1-1

数轴

1.1.1　思考交流数轴

规定了原点、正方向和单位长度的直线叫作数轴。

例 1　画出数轴，并用数轴上的点表示 2，$\frac{3}{2}$，$-\frac{3}{2}$，-2，0。

解　如图 1-1-2 所示：

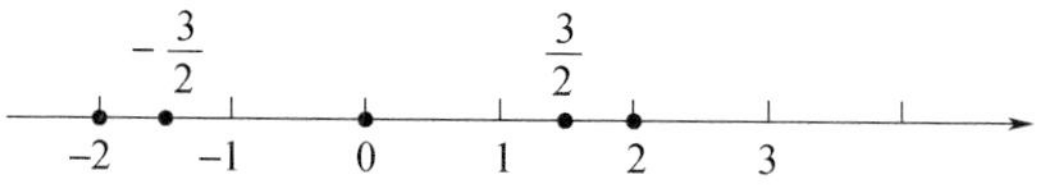

图 1-1-2

事实上，任何一个实数都可以用数轴上的一个点来表示。

思考交流

(1) 2 和 -2 有什么相同点与不同点？它们在数轴上的位置有什么关系？$\frac{3}{2}$和$-\frac{3}{2}$呢？

(2) 数轴上的两个点，右边点表示的数与左边点表示的数有怎样的大小关系？

如果两个数只有符号不同，我们就称其中一个数为另一个数的相反数，即这两个数互为相反数，比较特别的是，0 的相反数是 0。

在数轴上，表示互为相反数的两个点，位于原点的两侧，并且与原点的距离相等。

数轴上的两个点，右边的点表示的数总比左边的点表示的数大。正数大于 0，0 大于负数。

思考交流

什么叫绝对值？

我们知道，$|-2|=2$，$\left|\frac{4}{9}\right|=\frac{4}{9}$，$|0|=0$。

因此，一个正数的绝对值是它本身，一个负数的绝对值是它的相反数，零的绝对值是零。

即 $|a|=\begin{cases} a, & a>0 \\ 0, & a=0 \\ -a, & a<0 \end{cases}$

注意：$|a|$是一个非负数，即$|a|\geqslant 0$。

在数轴上，一个数所对应的点与原点的距离叫作该数的绝对值。

绝对值

1.1.1　思考交流
绝对值

思考交流

互为相反数的两个数的绝对值有什么关系？

练　习

1. 下列说法正确的是（　　）。

A. 正整数、负整数统称为整数

B. 正分数、负分数统称为分数

C. 零可以是正数，也可以是负数

D. 一个有理数不是正数就是负数

2. 写出符合下列条件的数：

（1）最小的正整数；

（2）最大的负整数；

（3）大于-3且小于 2 的所有整数；

（4）绝对值最小的有理数；

（5）绝对值大于 2 且小于 5 的所有负整数；

（6）在数轴上，与表示-1的点的距离为 2 的所有数。

例 2　比较下列每组数的大小：

（1）-2和-5；

（2）$-\frac{5}{6}$和-2.7。

解　（1）因为$|-2|=2$，$|-5|=5$，$2<5$

所以$-2>-5$；

（2）因为$\left|-\frac{5}{6}\right|=\frac{5}{6}$，$|-2.7|=2.7$，$\frac{5}{6}<2.7$

所以$-\frac{5}{6}>-2.7$。

两个负数比较大小，绝对值大的反而小。

思考交流

幂

1.1.1　思考交流幂

首先想一想，$(-3)^2$ 表示什么意思？a^n 呢？

$a^n=\overbrace{a\times a\times\cdots\times a}^{n个a}$，$a$ 叫底数，n 叫指数，a^n 读作 a 的 n 次幂（或 a 的 n 次方）。

例 3　计算$(-3)^2\times\left[-\frac{2}{3}+\left(-\frac{5}{9}\right)\right]$。

解法一　$(-3)^2\times\left[-\frac{2}{3}+\left(-\frac{5}{9}\right)\right]=9\times\left(-\frac{11}{9}\right)=-11$；

解法二　$(-3)^2\times\left[-\frac{2}{3}+\left(-\frac{5}{9}\right)\right]=(-3)^2\times\left(-\frac{2}{3}\right)+(-3)^2\times\left(-\frac{5}{9}\right)$

$=-6-5$

$=-11$。

例 4　计算：

（1）$\frac{2}{3}-\frac{1}{8}-\left(-\frac{1}{3}\right)+\left(-\frac{3}{8}\right)$；　　（2）$18-6\div(-2)\times\left(-\frac{1}{3}\right)$。

解　（1）原式$=\frac{2}{3}-\frac{1}{8}+\frac{1}{3}-\frac{3}{8}$

$=\left(\frac{2}{3}+\frac{1}{3}\right)-\left(\frac{1}{8}+\frac{3}{8}\right)$

$=1-\frac{1}{2}=\frac{1}{2}$；

（2）原式$=18-3\times\frac{1}{3}$

$=18-1$

$=17$。

什么叫倒数？$-\frac{3}{8}$的倒数是多少？$-\frac{1}{3}$的倒数呢？

乘积为 1 的两个数互为倒数。

倒数

1.1.1　倒数

思考交流

0 有倒数吗？

练　习

计算：

(1) $-2+3-1-4+5-3$；

(2) $\left(\frac{1}{2}-\frac{1}{3}+\frac{1}{4}\right)\times 12$；

(3) $\left(-\frac{3}{4}\right)\times\left(-\frac{2}{5}\right)\div\frac{7}{10}$；

(4) $-2^3+(2-6)^2\times 2\times\left(\frac{1}{2}\right)^2$。

1.1.2　代数式及其运算

1. 字母表示数

探究

字母 a 一定表示正数吗？$-a$ 一定表示负数吗？

字母可以表示任意数，它具有数的运算性质。

例 5　一个矩形的周长是 47cm，它的一边为 a，则这个矩形面积怎样表示？

分析：此题的关键是要把握矩形的周长是两邻边和的 2 倍，已知周长与其中一边的长，则另一边的长应为“周长的一半”减“已知的边长”，即：$\left(\frac{47}{2}-a\right)$cm，那么它的面积应表示为：$a\left(\frac{47}{2}-a\right)\text{cm}^2$。

像 $a\left(\frac{47}{2}-a\right)$，$a+b$，$ab$ 这样，用运算符号把数或表示数的字母连接而成的式子叫作代数式。

单独的一个数或一个字母也是代数式。

思考交流

下列等式是否一定成立？

(1) $-a+b=-(a-b)$；

(2) $-a+b=-(b+a)$；

(3) $2-3x=-(-3x-2)$；

(4) $30-x=5(6-x)$。

例 6　已知 $A=3a^2-6ab+b^2$，$B=-a^2-5ab-7b^2$，求 $-3A+2B$。

解　$-3A+2B=-3(3a^2-6ab+b^2)+2(-a^2-5ab-7b^2)$

$=-9a^2+18ab-3b^2-2a^2-10ab-14b^2$

$=-11a^2+8ab-17b^2$。

练　习

1. 一本练习本 0.45 元，买 a 本练习本需花多少钱?

2. 用代数式表示：

（1）一个矩形的长为 b，宽是长的一半，它的周长是________；面积是________。

（2）一个三角形的三边长都是 c，它的周长是_________。

（3）一个平行四边形的一边长为 a，该边上的高是其长的 $\frac{2}{3}$，这个平行四边形的面积是_________。

整 式

1.1.2　整式的概念

2. 整式及其运算

$\frac{3}{5}x$，$-\frac{\pi}{16}b^2$，$\frac{1}{3}xy$ 都是数与字母的乘积，这样的代数式叫作单项式，几个单项式的和叫作多项式。如 $\frac{1}{3}x^2y+2y-1$，$\frac{1}{2}ab-\frac{1}{2}mn$ 等，单项式和多项式统称为整式。

思考交流

你会计算 $(a+b)(a-b)$，$(a+b)^2$，$(a-b)^2$ 吗？试一试。

通过计算，我们可以得到如下公式：

（1）平方差公式：$(a+b)(a-b)=a^2-b^2$

（2）完全平方公式：$(a+b)^2=a^2+2ab+b^2$

$(a-b)^2=a^2-2ab+b^2$

例 7　计算：

（1）$(a+b+c)(a-b+c)-(a+c)^2$；

（2）$(2a+4b-3c)(2a-4b+3c)$；

（3）$[(x+y)^2-(x-y)^2]\div 2xy\ (2xy\neq 0)$。

解（1）原式 $=[(a+c)+b][(a+c)-b]-(a+c)^2$

$=(a+c)^2-b^2-(a+c)^2$

$=(a+c)^2-(a+c)^2-b^2$

$=-b^2$

(2) 原式 $=[2a+(4b-3c)][2a-(4b-3c)]$

$=(2a)^2-(4b-3c)^2$

$=4a^2-[(4b)^2-2\times4b\times3c+(3c)^2]$

$=4a^2-16b^2+24bc-9c^2$

(3) 原式 $=[(x+y+x-y)(x+y-x+y)]\div2xy$

$=2x\cdot2y\div2xy$

$=4xy\div2xy$

$=2$

思考交流

你会计算下面各式吗?

(1) $10^2\times10^3$；

(2) $(6^2)^4$；

(3) $(2\times5)^3$；

(4) $10^8\div10^5$。

我们知道：

$$a^m\cdot a^n=(\overbrace{a\cdot a\cdot\cdots\cdot a}^{m个a})(\overbrace{a\cdot a\cdot\cdots\cdot a}^{n个a})=(\overbrace{a\cdot a\cdot\cdots\cdot a}^{(m+n)个a})=a^{m+n}$$

即 $a^m\cdot a^n=a^{m+n}$（m，n 是正整数）

$$(a^m)^n=(\overbrace{a^m\cdot a^m\cdot\cdots\cdot a^m}^{n个a^m})=a^{\overbrace{m+m+\cdots+m}^{n个m}}=a^{m\cdot n}$$

即 $(a^m)^n=a^{m\cdot n}$

$$(ab)^n=\overbrace{(ab)\cdot(ab)\cdot\cdots\cdot(ab)}^{n个ab}=(\overbrace{a\cdot a\cdot\cdots\cdot a}^{n个a})(\overbrace{b\cdot b\cdot\cdots\cdot b}^{n个b})$$

$$=a^n\cdot b^n$$

即 $(ab)^n=a^n\cdot b^n$（n 是正整数）

请同学们自己推出 $a^m\div a^n=a^{m-n}$（m，n 是正整数，且 $m>n$）。

例 8　用乘法公式计算：

$$\left(m-\frac{1}{4}\right)\left(2m+\frac{1}{2}\right)\left(4m^2+\frac{1}{4}\right)+\frac{1}{32}$$

解　原式 $=\frac{1}{2}\left(2m-\frac{1}{2}\right)\left(2m+\frac{1}{2}\right)\left(4m^2+\frac{1}{4}\right)+\frac{1}{32}$

$=\frac{1}{2}\left[(2m)^2-\left(\frac{1}{2}\right)^2\right]\left(4m^2+\frac{1}{4}\right)+\frac{1}{32}$

$=\frac{1}{2}\left(4m^2-\frac{1}{4}\right)\left(4m^2+\frac{1}{4}\right)+\frac{1}{32}$

同底数幂的除法

1.1.2　同底数幂的除法运算

$$=\frac{1}{2}\left(16m^4-\frac{1}{16}\right)+\frac{1}{32}$$

$$=8m^4-\frac{1}{32}+\frac{1}{32}$$

$$=8m^4。$$

例 9　已知实数 a，b 满足$(a+b)^2=1$，$(a-b)^2=25$，求 a^2+b^2+ab 的值。

解法一　$a^2+b^2+ab=(a+b)^2-ab$

$$=(a+b)^2+\frac{1}{4}\left[(a-b)^2-(a+b)^2\right]$$

$$=1+\frac{1}{4}\times(25-1)$$

$$=7；$$

解法二　由$(a+b)^2=1$，得

$a^2+b^2+2ab=1$

由$(a-b)^2=25$，得

$a^2+b^2-2ab=25$

有$\begin{cases}a^2+b^2+2ab=1\\a^2+b^2-2ab=25\end{cases}$

解得 $ab=-6$，$a^2+b^2=13$。

所以 $a^2+b^2+ab=7$。

思考交流

同学们想一想，还有其他的解法吗？

问题解决

已知 $(4x^2-7x-3)-M=x^2-2x+1$，则代数式 M 的表达式是__________。

练　习

1. 某种产品的售价是 9 元，其中成本比其售价少 15%，则此产品的成本是______元。

2. 在① $(x+2)(x-6)=x^2-6$，② $(3a^2+1)(3a^2-1)=9a^4-1$，③$(m-1)^2(1-m)^3=(m-1)^5$，④ $(x+2)(x-2)(x^2+4)=x^4-8$ 中运算错误的是__________。

1.1.3　实数的概念及其运算

探究

大家已经知道，有理数和无理数统称为实数。

看下面的知识：

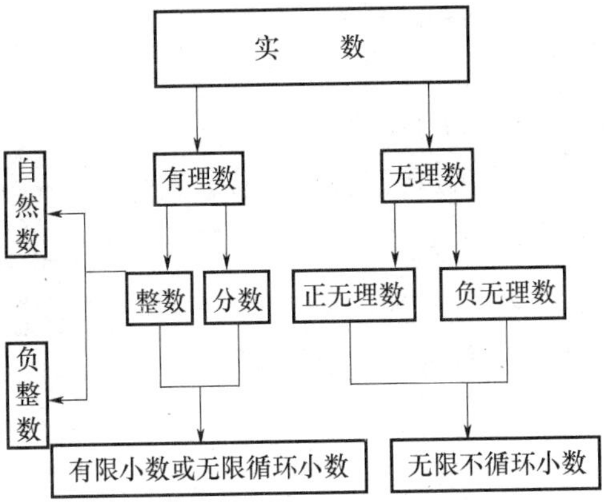

平方根

1.1.3　平方根、算术平方根

那么什么叫无理数呢？

无限不循环小数叫作无理数。如 $\pi=3.1415926\cdots\cdots$，$\sqrt{2}=1.4142\cdots\cdots$。

我们知道每一个实数都可以用数轴上的一个点来表示；反过来，数轴上的每一个点都表示一个实数，即实数和数轴上的点是一一对应的。

我们知道 $(\pm3)^2=9$，则把 ±3 称为 9 的平方根，表示为 $\pm\sqrt{9}=\pm3$。

一般地，如果一个数 x 的平方等于 a，即 $x^2=a$，那么 x 就叫作 a 的平方根。正数 a 有两个平方根，一个是 a 的算术平方根"$\sqrt{a}$"，另一个是"$-\sqrt{a}$"，它们互为相反数，记作 $\pm\sqrt{a}$。

思考交流

0 的平方根是多少？负数有平方根吗？

例 10　求下列各数的平方根：

（1）64；　　（2）$\dfrac{49}{121}$；　　（3）0.0004。

解　（1）因为 $(\pm8)^2=64$，所以 64 的平方根是 ±8。

（2）因为 $\left(\pm\dfrac{7}{11}\right)^2=\dfrac{49}{121}$，所以 $\dfrac{49}{121}$ 的平方根是 $\pm\dfrac{7}{11}$。

（3）因为 $(\pm0.02)^2=0.0004$，所以 0.0004 的平方根是 ±0.02。

例 11　求下列各式的值：

（1）$\sqrt{4^2}$；　　（2）$\sqrt{(-4)^2}$；　　（3）$(\sqrt{0.8})^2$。

解　（1）因为 $4^2=16$，$\sqrt{4^2}$ 是 16 的算术平方根，所以 $\sqrt{4^2}=4$。

（2）因为 $(-4)^2=16$，$\sqrt{(-4)^2}$ 是 16 的算术平方根，所以 $\sqrt{(-4)^2}=4$。

（3）由平方根的定义可知，$(\sqrt{0.8})^2=0.8$。

思考交流

对于任意数 a，$\sqrt{a^2}$一定等于 a 吗？$(\sqrt{a})^2$ 等于 a 吗？

因为$(-3)^3=-27$，所以把-3 称为-27 的立方根，同样，$3^3=27$，把 3 称为 27 的立方根，分别表示为$\sqrt[3]{-27}=-3$，$\sqrt[3]{27}=3$。

一般地，如果一个数 x 的立方等于 a，即 $x^3=a$，那么 x 就叫作 a 的立方根，表示为$\sqrt[3]{a}$，一个实数只有一个立方根。正数的立方根是正数，0 的立方根是 0，负数的立方根是负数。

立方根

1.1.3　立方根

思考交流

$(\sqrt[3]{a})^3$ 等于什么？$\sqrt[3]{a^3}$ 呢？

例 12　计算：

(1) $\sqrt{4}\times\sqrt{9}=$__________；　　(2) $\sqrt{4\times 9}=$__________；

(3) $\dfrac{\sqrt{4}}{\sqrt{9}}=$__________；　　(4) $\sqrt{\dfrac{4}{9}}=$__________。

解（1）6；（2）6；（3）$\dfrac{2}{3}$；（4）$\dfrac{2}{3}$。

你发现了什么规律？

$\sqrt{a}\cdot\sqrt{b}=\sqrt{ab}$（$a\geqslant 0$，$b\geqslant 0$）；

$\dfrac{\sqrt{a}}{\sqrt{b}}=\sqrt{\dfrac{a}{b}}$（$a\geqslant 0$，$b>0$）。

例 13　化简$\sqrt{32}-3\sqrt{\dfrac{1}{2}}+\sqrt{2}$

解　原式$=\sqrt{16\times 2}-3\times\dfrac{\sqrt{2}}{2}+\sqrt{2}$

$$=4\sqrt{2}-\frac{3\sqrt{2}}{2}+\sqrt{2}$$

$$=\frac{7\sqrt{2}}{2}。$$

例 14　阅读下面的解答过程，请判断是否正确？若不正确，请写出正确的解答。

已知 a 为实数，化简$\sqrt{-\dfrac{1}{a}}$。

解　$\sqrt{-\dfrac{1}{a}}=\sqrt{-\dfrac{a}{a^2}}=\dfrac{\sqrt{-a}}{a}$。

解不正确，正确解法如下：

因为 $a<0$，

所以 $\sqrt{-\frac{1}{a}}=\sqrt{\frac{-a}{a^2}}=\frac{\sqrt{-a}}{|a|}=\frac{\sqrt{-a}}{-a}$。

练　习

1. $3-2\sqrt{2}$ 的倒数是__________。

2. 当 x __________时，$\sqrt{2-x}+\sqrt{x-2}$ 有意义。

3. 下列计算结果正确的是（　　）。

A. $\sqrt{3}+\sqrt{4}=\sqrt{7}$　　　B. $2+\sqrt{2}=2\sqrt{2}$

C. $\frac{\sqrt{6}+\sqrt{8}}{2}=\sqrt{3}+2$　　　D. $\sqrt{63}+\sqrt{28}=5\sqrt{7}$

4. 下面结论正确的是（　　）。

A. 整数一定是零或正数

B. 任何数的平方都是有理数

C. 带根号的数都是无理数

D. 数轴上的点表示的数都是实数

1.1.4　分解因式

根据前面介绍的乘法公式，我们有

$$a^2-b^2=(a+b)(a-b),$$

$$a^2\pm 2ab+b^2=(a\pm b)^2,$$

像这样，把一个多项式化成几个整式的积的形式，这种变形叫作把这个多项式分解因式。

例 15　把下列各式分解因式：

（1）$2x^3-8x$；　　　（2）$(m+n)^2-6(m+n)+9$。

解　（1）$2x^3-8x=2x(x^2-4)=2x(x+2)(x-2)$；

（2）$(m+n)^2-6(m+n)+9=[(m+n)-3]^2=(m+n-3)^2$。

例 16　把下列各题分解因式：

（1）x^3-3x^2-x+3；

（2）x^2-x-12；

（3）x^2-3（在实数范围内）；

（4）$x^2-xy-12y^2$。

解　（1）$x^3-3x^2-x+3=x^2(x-3)-(x-3)$

$=(x-3)(x^2-1)=(x-3)(x+1)(x-1)$；

（2）$x^2-x-12=(x-4)(x+3)$；

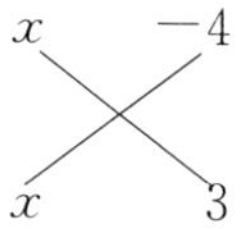

十字相乘法

1.1.4　十字相乘法

（3）$x^2-3=x^2-(\sqrt{3})^2=(x+\sqrt{3})(x-\sqrt{3})$；

（4）$x^2-xy-12y^2=(x+3y)(x-4y)$。

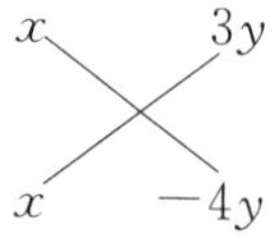

注：用十字相乘法分解。

思考交流

分解因式有哪些方法和步骤？

分解因式的一般方法有提公因式法、公式法、分组分解法等。

一般步骤是：

（1）若有公因式，先提取公因式；

（2）若无公因式，再套用公式；

（3）若无公因式，又不能直接套公式，则可考虑用分组分解法，实际计算可把几种方法联合使用。

练　习

1. 下列各式自左到右的变形属于因式分解的是（　　）。

A. $9-x^2=(3+x)(3-x)$

B. $a^2+2xa+2x^2=(a+x)^2+x^2$

C. $(x+1)(x-2)=x^2-x-2$

D. $(y-2)(y-1)=(1-y)(2-y)$

2. 下列因式分解正确的是（　　）。

A. $\frac{1}{9}-x+\frac{9}{4}x^2=\left(\frac{1}{3}-\frac{3}{2}x\right)^2$

B. $m^4+1-2m^2=(2m^2-1)^2$

C. $m^4+16=(m^2+4)(m^2-4)$

D. $9m^2-1=(9m+1)(9m-1)$

3. 分解因式：$(a+b)^2+2(a+b)-3=$____________。

1.1.5　分式的运算

代数式$\frac{2400}{x}$，$\frac{a+1}{2a}$，$\frac{8}{x-1}$都可以表示成$\frac{A}{B}$的形式，且 B 中含有字母，这样的代数

式称为分式，其中 A 称为分式的分子，B 称为分式的分母。

注意：分式的分母不能为零。

思考交流

$\frac{3}{6}=\frac{1}{2}$的依据是什么？分式$\frac{a}{2a}=\frac{1}{2}$（$a\neq0$）成立吗？$\frac{n^2}{mn}=\frac{n}{m}$呢？

分式的基本性质：分式的分子与分母都乘以或除以同一个不等于零的整式，分式的值不变。

例 17　计算：

（1）$\frac{a-1}{a^2-4a+4}\div\frac{a^2-1}{a^2-4}$；　　（2）$\frac{2a}{a^2-4}-\frac{1}{a-2}$。

解　（1）原式$=\frac{a-1}{a^2-4a+4}\times\frac{a^2-4}{a^2-1}$

$$=\frac{(a-1)(a-2)(a+2)}{(a-2)^2(a+1)(a-1)}$$

$$=\frac{a+2}{(a-2)(a+1)};$$

（2）原式$=\frac{2a}{(a+2)(a-2)}-\frac{a+2}{(a+2)(a-2)}$

$$=\frac{2a-(a+2)}{(a+2)(a-2)}$$

$$=\frac{1}{a+2}。$$

例 18　请你先化简下式，再选取一个使原式有意义，而你又喜欢的数代入求值。

$$\frac{x^3-x^2}{x^2-x}-\frac{1-x^2}{x+1}。$$

解　原式$=\frac{x^2(x-1)}{x(x-1)}+\frac{(x+1)(x-1)}{x+1}$

$=x+(x-1)$

$=2x-1$

取 $x=\frac{1}{2}$，则原式$=0$。

注意：x 能取 0，1，-1 吗？

例 19　当 x 取何值时，分式$\frac{x^2-2x-3}{x^2+8x+7}$，（1）有意义？（2）无意义？（3）值为零。

解　（1）分式要有意义，分母不为零。

则 $x^2+8x+7\neq0$，　　即 $(x+7)(x+1)\neq0$。

所以 $x\neq-7$，且 $x\neq-1$ 时分式有意义。

（2）显然当 $x=-7$ 或 $x=-1$ 时，分式无意义。

（3）当 $x\neq-7$ 且 $x\neq-1$，$x^2-2x-3=0$ 时，分式的值为零，
即 $(x-3)(x+1)=0$，$x=3$ 或 $x=-1$（舍去）。
所以当 $x=3$ 时，分式的值为零。

例 20　已知 $\frac{1}{a}+\frac{1}{b}=\frac{5}{a+b}$，求 $\frac{b}{a}+\frac{a}{b}$ 的值。

分析：由条件是求不出 a 和 b 的值的，转而考虑 $\frac{b}{a}+\frac{a}{b}$，化为 $\frac{b^2+a^2}{ab}$ 可知，只要求出 a^2+b^2 和 ab 值或 a^2+b^2 与 ab 的关系即可。

解　因为 $\frac{1}{a}+\frac{1}{b}=\frac{5}{a+b}$

所以 $\frac{a+b}{ab}=\frac{5}{a+b}$

即 $(a+b)^2=5ab$，则 $a^2+2ab+b^2=5ab$

所以 $a^2+b^2=3ab$

即 $\frac{b}{a}+\frac{a}{b}=\frac{a^2+b^2}{ab}=\frac{3ab}{ab}=3$。

练　习

1. 下列各式，从左边到右边的变形，正确的是（　　）。

A. $\frac{x^6}{x^3}=x^2$　　　　B. $\frac{a+x}{b+x}=\frac{a}{b}$

C. $\frac{-a+b}{a-b}=-1$ $(a\neq b)$　　　　D. $\frac{a^2-b^2}{a-b}=a-b$

2. 当 x 取什么值时，下列分式有意义？

（1）$\frac{3}{x}$；　　　　（2）$\frac{x}{2x-1}$。

3. 若分式 $\frac{x^2-9}{x+3}$ 的值为 0，则 $x=$________。

习　题

1. 若 a、b 互为相反数，c、d 互为倒数，
则算式 $8(a^2-b^2)+\frac{|1-\cos 60°|}{cd}=$________。

2. 一个负数 x 的倒数等于它本身，则 $|x|=$________；$(x+2)^2=$________；$x=$________；$-x=$________。

3. 若 $|a+5|+\sqrt{b-4}+(c-2005)^2=0$，则 $(a+b)^c=$________。

4. 已知 $A=a^4-2a^2+1$，$B=-3a^4-4a^2+2$。计算 $3A-B$。

5. 计算 $[(a+b)^2-(a-b)^2]\div 2ab$。

6. 房间的地面面积为 S，用边长为 0.3m 的地砖铺地面，需要多少块地砖？

7. 某工厂去年的产量为 a 吨，今年的产量比去年增长 5%，该工厂今年的产量是多少吨？

8. 6 箱苹果，它们的质量分别为 10.2 千克，9.9 千克，9.7 千克，10.3 千克，10.1 千克，9.8 千克，用简便方法计算这 6 箱苹果的总质量。（提示：把 10.2 写成 10+0.2，把 9.9 写成 10－0.1 等）

9. a 是一个有理数，$10a$ 一定大于 a 吗？$\frac{a}{3}$一定小于 a 吗？

10. 某阶梯教室，第一排 12 个座位，从第二排起，每排比前一排多 2 个座位，那么第 n 排有多少个座位？

11. 先化简，再求值：

$2(a^2b+ab^2)-2(a^2b-1)-2ab^2-2$，其中 $a=-2$，$b=2$。

12. 化简 $a\sqrt{-\frac{1}{a}}$ 的结果是（　　）。

A. $\sqrt{-a}$　　B. $-\sqrt{a}$

C. $-\sqrt{-a}$　　D. $\sqrt{a}$

13. 计算 $-2^2\times\sqrt{8}+3\sqrt{2}(3-2\sqrt{2})-\frac{1}{1+\sqrt{2}}$。

14. 先化简，再求值：

$5x^2-(3y^2+5x^2)+(4y^2+7xy)$，其中 $x=-1$，$y=1-\sqrt{2}$。

15. 把下列各式分解因式：

（1）$x^5+x^3-x^2-1$；

（2）$(a+b)^3-3(a+b)^2+2(a+b)$；

（3）$(x+y)^{n+2}-(x+y)^n$；

（4）$(a+b)^2+4(a+b+1)$。

16. 一项工程，甲单独做 a 小时完成，乙单独做 b 小时完成，则甲、乙合作此工程所需的时间为（　　）小时。

A. $\left(\frac{1}{a}-\frac{1}{b}\right)$　　B. $\frac{1}{ab}$

C. $\frac{ab}{a+b}$　　D. $\frac{1}{a-b}$

17. 若 $ab=1$，则 $\frac{1}{1+a^2}+\frac{1}{1+b^2}$ 的值为（　　）。

A. 1　　B. -1　　C. $\frac{1}{2}$　　D. 2

18. 先化简，再求值：$\frac{1}{x+1}-\frac{2}{x^2-1}\cdot\frac{x^2-2x+1}{x+1}$，其中 $x=\sqrt{2}-1$。

1.2　方程与方程组

1.2.1　一元一次方程及其解法

探究

这里有一座古墓，里面安葬着数学家丢番图。墓碑上刻写着："他的童年占去一生的$\frac{1}{6}$，接着$\frac{1}{12}$的少年时期，又过了$\frac{1}{7}$时光，他找到了终身伴侣，5年以后，婚姻之神赐给他一个儿子。可是，儿子命运不济，只活到父亲寿数的一半，就匆匆离去。4年后，父亲又因过分悲伤而离开人世。"问：丢番图寿数几何？

如果数学家丢番图活了x岁，由此可得方程：

$$\frac{1}{6}x+\frac{1}{12}x+\frac{1}{7}x+5+\frac{1}{2}x+4=x$$

整理后得到　$9x=756$

所以 $x=84$

即数学家丢番图活了84岁。

在一个方程中，只含有一个未知数，并且未知数的次数是1次，这样的方程叫作一元一次方程。

例如，$3x-4=0$，$-x=-\frac{1}{5}x+1$，$x+a=0$ 等都是一元一次方程。

例1　解下列方程：

（1）$15x=12(90-x)$；

（2）$\left(\frac{1}{3}x-12\right)+\left(\frac{1}{4}x+15\right)=\frac{x}{2}+53$。

解　（1）去括号，得

$$15x=1080-12x$$

移项，得

$$15x+12x=1080$$

合并同类项，得

$$27x=1080$$

方程两边同时除以27，得

$$x=40。$$

（2）去括号，移项，得

$$\frac{1}{3}x+\frac{1}{4}x-\frac{1}{2}x=53+12-15$$

去分母，得

$$4x+3x-6x=12\times50$$

$$x=600。$$

思考交流

解一元一次方程的一般步骤是什么？

练　习

解下列方程：

(1) $3x+4=-13$；

(2) $\frac{2}{3}x-1=5$；

(3) $x=\frac{3}{2}x+16$；

(4) $1-\frac{3}{2}x=3x+\frac{5}{2}$；

(5) $12(2-3x)=4x+4$；

(6) $3(2x+1)=12$。

1.2.2　二元一次方程组及其解法

探究

首先看下面鸡兔同笼的问题：

今有鸡兔同笼，上有三十五头，下有九十四足，问鸡兔各几何？

你能解决上面的鸡兔同笼的问题吗？

设笼中有鸡 x 只，兔有 y 只，可得到方程

$$x+y=35 \text{ 和 } 2x+4y=94$$

上面所列方程各含有几个未知数？含未知数的项的次数是多少？

像这样，含有两个未知数，并且所含未知数的项的次数都是 1 的方程叫作二元一次方程。

方程 $x+y=35$ 和 $2x+4y=94$ 中，x，y 的含义分别相同，因而 x，y 必须同时满足方程 $x+y=35$ 和 $2x+4y=94$。把它们联立起来，得

$$\begin{cases}x+y=35\\2x+4y=94\end{cases}$$

像这样，含有两个未知数的两个一次方程所组成的一组方程叫作二元一次方程组。

如$\begin{cases}x-y=4\\x+y=3(y-1)\end{cases}$和$\begin{cases}2x+3y=5\\y+1=4\end{cases}$等都是二元一次方程组。

适合一个二元一次方程组的一组未知数的值叫作这个二元一次方程组的一个解。

如 $x=23$，$y=12$ 是方程 $x+y=35$ 的一个解，记作$\begin{cases}x=23\\y=12\end{cases}$，同样，

$\begin{cases}x=10\\y=25\end{cases}$也是方程 $x+y=35$ 的一个解。

任何一个二元一次方程都有无数组解。

二元一次方程组中各个方程的公共解，叫作这个二元一次方程组的解。

例如$\begin{cases}x=23\\y=12\end{cases}$是二元一次方程组$\begin{cases}x+y=35\\2x+4y=94\end{cases}$的解。

例 2　解方程组$\begin{cases}2x-5y=7 & ①\\2x+3y=-1 & ②\end{cases}$

解　②－①，得

$$8y=-8$$

$$y=-1$$

将 $y=-1$ 代入①，得

$$2x+5=7$$

$$x=1$$

所以原方程组的解是

$$\begin{cases}x=1\\y=-1\end{cases}$$

例题

1.2.2　解二元一次方程组及其解法（例 2）

例 3　解方程组$\begin{cases}2x+3y=12 & ①\\3x+4y=17 & ②\end{cases}$

解　①×3，得

$$6x+9y=36 \quad ③$$

②×2，得

$$6x+8y=34 \quad ④$$

③－④，得

$$y=2$$

将 $y=2$ 代入①，得

$$x=3$$

所以原方程组的解是

$$\begin{cases}x=3\\y=2\end{cases}$$

上面解方程组的基本思想是“消元”，主要步骤是通过两式相加（减）消去其中一个未知数，这种解二元一次方程组的方法叫作加减消元法。

二元一次方程组除了用加减消元法求解外，还可以用代入消元法来求解。

例 4　解方程组$\begin{cases}x+2y=3 & ①\\4x+y=7 & ②\end{cases}$

解　由①得

$$x=3-2y \quad ③$$

将③代入②，得

$$4(3-2y)+y=7$$

得

$$y=\frac{5}{7}$$

将 $y=\frac{5}{7}$ 代入①，得

$$x+2\times\frac{5}{7}=3$$

得

$$x=\frac{11}{7}$$

所以原方程组的解是 $\begin{cases}x=\frac{11}{7}\\ y=\frac{5}{7}\end{cases}$

练　习

1. 下列方程组中，是二元一次方程组的是（　　）。

A. $\begin{cases}x+y=10\\ 3y+z=7\end{cases}$　　B. $\begin{cases}x+2y=15\\ \frac{2}{x}-3y=4\end{cases}$

C. $\begin{cases}3x-2y=11\\ x=15-2y\end{cases}$　　D. $\begin{cases}x+2y=5\\ xy=2\end{cases}$

2. 解下列方程组：

（1）$\begin{cases}7x-2y=3\\ 9x+2y=-19\end{cases}$　　（2）$\begin{cases}6x-5y=3\\ 6x+y=-15\end{cases}$

（3）$\begin{cases}5x-6y=9\\ 7x-4y=-5\end{cases}$

1.2.3　三元一次方程组及其解法

含有三个未知数的三个一次方程所组成的一组方程叫作三元一次方程组。如：

$$\begin{cases}3x+2y+z=14\\ x+y+z=1\\ 2x+3y-z=1\end{cases} \text{和} \begin{cases}2x-1\frac{3}{5}y+0.6z=-4.2\\ \frac{3}{2}x+\frac{5}{6}y-1.3z=10.4\\ 2x-0.8y-1.2z=6.4\end{cases}$$

都是三元一次方程组。

例 5　解方程组：

$$\begin{cases}3x+2y+z=14 & ① \\ x+y+z=10 & ② \\ 2x+3y-z=1 & ③\end{cases}$$

解　①－②，得

$$2x+y=4 \qquad ④$$

②＋③，得

$$3x+4y=11 \qquad ⑤$$

由④和⑤组成的二元一次方程组 $\begin{cases}2x+y=4 \\ 3x+4y=11\end{cases}$，得

$$\begin{cases}x=1 \\ y=2\end{cases}$$

把 $x=1$，$y=2$ 代入①，得

$$z=7$$

所以原方程组的解为

$$\begin{cases}x=1 \\ y=2 \\ z=7\end{cases}$$

练　习

解下列方程组：

(1) $\begin{cases}x+y+z=26 \\ x-y=1 \\ 2x-y+z=18\end{cases}$　　(2) $\begin{cases}x+y=27 \\ y+z=33 \\ x+z=30\end{cases}$

1.2.4　一元二次方程及其解法

我们首先看下面的问题：

探究

某职校军训时，某连有 8 行 12 列，后又增加了 69 人，要求连队增加的行数、列数相同，请问增加了多少行、多少列？

在一个方程中，只含有一个未知数 x 的整式方程，并且都可以化为 $ax^2+bx+c=0$（a、b、c 为常数，$a\neq0$）的形式，这样的方程叫作一元二次方程。

我们把 $ax^2+bx+c=0$（a、b、c 为常数，$a\neq0$）称为一元二次方程的一般形式。其中 ax^2，bx，c 分别称为二次项、一次项和常数项；a，b 分别称为二次项系数和一次项系数。

思考交流

将表 1-2-1 中的方程化成一元二次方程的一般形式，并写出它的二次项系数、一次项系数和常数项。

表 1-2-1

方程	一般形式	二次项系数	一次项系数	常数项
$3x^2=5x-1$				
$(x+2)(x-1)=6$				
$4-7x^2=0$				

探究

(1) 你能解哪些一元二次方程?

(2) 你会解下列一元二次方程吗? 你是怎么做的?

①$x^2=9$　　②$(x-2)^2=9$　　③$x^2+2x-3=10$

(3) 解方程 $x^2+4x-12=0$ 的困难在哪里? 你能将方程 $x^2+4x-12=0$ 转化成上面方程的形式吗?

1. 配方法

解一元二次方程，关键是要设法将其转化成一元一次方程。例如，我们可以设法将方程 $x^2+4x-12=0$ 转化为

$$(x+2)^2=16$$

两边开平方，得

$$x+2=\pm 4$$

因此，方程 $x^2+4x-12=0$ 有两个根

$$x_1=4-2=2,\ x_2=-4-2=-6$$

这里，解一元二次方程的思路是将方程转化成 $(x+m)^2=n$ 的形式，它的一边是一个完全平方式，另一边是一个常数，当 $n\geqslant 0$ 时，两边开平方，便可求出它的根。

思考交流

填上适当的数，使下列等式成立:

(1) x^2+12x+__________$=(x+6)^2$;

(2) x^2-12x+__________$=(x-6)^2$;

(3) $x^2+\frac{5}{2}x+$__________$=\left(x+\frac{5}{4}\right)^2$。

在上面等式的左边，常数项与一次项系数有什么关系?

例 6　解方程 $x^2+6x-7=0$。

解　将常数项移到方程右边，得

$$x^2+6x=7$$

两边都加上 3^2（一次项系数 6 的一半的平方）得

$$x^2+6x+3^2=7+3^2$$

即

$$(x+3)^2=16$$

开平方，得

$$x+3=\pm 4$$

即

$$x+3=4 \text{ 或 } x+3=-4$$

所以

$$x_1=1,\ x_2=-7$$

在例 6 中，我们通过配成完全平方式的方法，得到了一元二次方程的根，这种解一元二次方程的方法称为配方法。

配方的关键是什么呢？关键在方程两边都加上一次项系数一半的平方。

例 7　解方程 $3x^2+8x-3=0$。

解　两边都除以 3，得

$$x^2+\frac{8}{3}x-1=0$$

移项，得

$$x^2+\frac{8}{3}x=1$$

配方，得

$$x^2+\frac{8}{3}x+\left(\frac{4}{3}\right)^2=1+\left(\frac{4}{3}\right)^2$$

$$\left(x+\frac{4}{3}\right)^2=\left(\frac{5}{3}\right)^2$$

即

$$x+\frac{4}{3}=\frac{5}{3} \text{ 或 } x+\frac{4}{3}=-\frac{5}{3}$$

所以

$$x_1=\frac{1}{3},\ x_2=-3。$$

问题解决

用配方法解一元二次方程的步骤是什么？

练　习

1. 解下列方程：

(1) $x^2=15$；　　(2) $3x^2=27$；　　(3) $(3y+2)^2-\frac{4}{25}=0$。

2. 解下列方程：

(1) $x^2+12x+25=0$；　　(2) $x^2-2x-4=0$；

(3) $3x^2-9x+2=0$；　　(4) $5x^2-9x-18=0$。

2. 公式法

配方法是解一元二次方程的一种方法，如果把配方结果总结为公式，再解一元二次方程时，就会简捷得多。

探究

你能用配方法解一元二次方程 $ax^2+bx+c=0$ $(a\neq 0)$ 吗？

我们可以这样来做：

$$ax^2+bx+c=0\ (a\neq 0)$$

两边同时除以二次项系数 a，得

$$x^2+\frac{b}{a}x+\frac{c}{a}=0$$

移项，得

$$x^2+\frac{b}{a}x=-\frac{c}{a}$$

配方，得

$$x^2+\frac{b}{a}x+\left(\frac{b}{2a}\right)^2=-\frac{c}{a}+\left(\frac{b}{2a}\right)^2$$

$$\left(x+\frac{b}{2a}\right)^2=\frac{b^2-4ac}{4a^2}$$

当 $b^2-4ac\geqslant 0$ 时，两边开方，得

$$x+\frac{b}{2a}=\frac{\pm\sqrt{b^2-4ac}}{2a}$$

$$x=\frac{-b\pm\sqrt{b^2-4ac}}{2a}$$

一般地，对于一元二次方程 $ax^2+bx+c=0$ $(a\neq 0)$，当 $b^2-4ac\geqslant 0$ 时，它的根是

$$x=\frac{-b\pm\sqrt{b^2-4ac}}{2a}$$

上面这个式子称为一元二次方程的求根公式，用求根公式解一元二次方程的方法称为公式法。

思考

1.2.4　公式法
（思考交流）

思考交流

一元二次方程根的个数有几种情况？

例 8　解方程 $2x^2-8x-7=0$。

解　这里 $a=2$，$b=-8$，$c=-7$

因为

$$b^2-4ac=(-8)^2-4\times2\times(-7)=120>0$$

所以

$$x=\frac{-(-8)\pm\sqrt{120}}{4}=\frac{4\pm\sqrt{30}}{2}$$

即

$$x_1=\frac{4+\sqrt{30}}{2},\ x_2=\frac{4-\sqrt{30}}{2}。$$

例 9　解方程 $x^2-25x+114=0$。

解　这里 $a=1$，$b=-25$，$c=114$。

因为

$$b^2-4ac=(-25)^2-4\times1\times114=169>0$$

所以

$$x=\frac{25\pm\sqrt{169}}{2}=\frac{25\pm13}{2}$$

即

$$x_1=19,\ x_2=6。$$

例 10　解关于 x 的方程 $x(x-1)=m(2x-m-1)$。

解　把原方程化为一般式方程

$$x^2-(2m+1)x+(m^2+m)=0$$

这里 $a=1$，$b=-(2m+1)$，$c=m^2+m$。

因为

$$b^2-4ac=[-(2m+1)]^2-4(m^2+m)=1>0$$

所以

$$x=\frac{(2m+1)\pm1}{2}$$

即

$$x_1=m+1,\ x_2=m。$$

练　习

1. 解下列方程：

(1) $2x^2+3x-1=0$；

(2) $x^2+1=4x$；

(3) $p(p-8)=16$；

(4) $x^2+2(\sqrt{3}+1)x+2\sqrt{3}=0$。

2. 解下列关于 x 的方程 $mx^2-(m-n)x-n=0$（$m+n>0$）。

3. 分解因式法

探究

一个数的平方与这个数的 3 倍有可能相等吗？如果相等，这个数是几？你能求出来吗？

我们可这样来求：设这个数为 x，根据题意，可得方程 $x^2=3x$。

由方程 $x^2=3x$，得

$$x^2-3x=0$$

因此，

$$x=\frac{3\pm\sqrt{9}}{2}$$

即

$$x_1=0,\ x_2=3。$$

下面换一种思路来解这个方程。

由方程 $x^2=3x$，得

$$x^2-3x=0$$

即

$$x(x-3)=0$$

$$x=0\text{ 或 }x-3=0$$

于是

$$x_1=0,\ x_2=3。$$

所以，这个数是 0 或 3。

思考交流

这种解法正确吗？它的原理是什么？

当一元二次方程的一边为 0，而另一边易于分解成两个一次因式的乘积时，就可用后一种方法求解。这种解一元二次方程的方法称为分解因式法。

例 11　解下列方程：

（1）$5x^2=4x$；　　（2）$x-2=x(x-2)$。

解（1）原方程可变形为

$$5x^2-4x=0$$

$$x(5x-4)=0$$

因此

$$x=0\text{ 或 }5x-4=0$$

所以

$$x_1=0,\ x_2=\frac{4}{5}。$$

（2）原方程可变形为

$$x-2-x(x-2)=0$$

$$(x-2)(1-x)=0$$

因此

$$x-2=0 \text{ 或 } 1-x=0$$

所以

$$x_1=2,\ x_2=1。$$

问题解决

你能用因式分解法解方程 $x^2-4=0$，$(x+1)^2-25=0$ 吗？

练　习

1. 解下列方程：

（1）$4x(2x+1)=3(2x+1)$；

（2）$3x(x-1)=2-2x$；

（3）$(2x+3)^2=4(2x+3)$；

（4）$2(x-3)^2=x^2-9$。

2. 一个数平方的 3 倍等于这个数的 7 倍，求这个数。

习　题

1. 解下列方程：

（1）$\frac{1}{7}(2x+14)=4-2x$；　　（2）$\frac{2x+1}{3}-\frac{5x-1}{6}=1$；

（3）$\frac{3}{10}(200-x)-\frac{2}{10}(300-x)=300\times\frac{9}{25}$。

2. 一个三位数，三个数位上的数字和是 17，百位上的数比十位上的数大 7，个位上的数是十位数上的 3 倍，求这个三位数。

3. 一批货物，第一天运走总数的 $\frac{1}{3}$ 少 12 吨，第二天运走总数的 $\frac{1}{4}$ 多 15 吨，这时正好运走了总数的一半多 53 吨，这批货物共多少吨？

4. 某公园的门票价格如下表所示：

购票人数	1～50 人	51～100 人	100 人以上
票价	10 元/人	8 元/人	5 元/人

我校甲、乙两班共 100 多人去该公园举行活动，其中甲班有 50 多人，乙班不足 50 人，如果以班为单位分别买门票，两班一共应付 920 元，如果两班联合起来作为一个团体购票，一共只要付 515 元，问：甲、乙两班分别有多少人？

5. 已知甲、乙两种商品的原单价和为 100 元，因市场变化，甲商品降价 10%，乙商品提价 5%，调价后，甲、乙两种商品的单价和比原单价和提高了 2%，甲、乙两种商品的原单价各是多少？

6. 某种商品的市场需求量 D（千件）和单价 P（元/件）服从需求关系

$$\frac{1}{3}D+P-\frac{17}{3}=0$$

(1) 当单价为 4 元时，求市场的需求量是多少？

(2) 若出售一件商品要原单价 4 元的基础上征收税金 1 元，则市场需求量的变化情况是怎样的？

7. 解下列方程：

(1) $x^2+5x+6=0$；　　(2) $x^2-x-12=0$；

(3) $x^2-10x+22=0$；　　(4) $6x^2+x=-2$。

8. 某超市 1 月份的营业额为 200 万元，1 月、2 月和 3 月的营业额共 1000 万元，若平均每月均长率为 x，则由题意列方程应为（　　）。

A. $200(1+x)^2=1000$

B. $200+200\times 2x=1000$

C. $200+200\times 3x=1000$

D. $200[1+(1+x)+(1+x)^2]=1000$

9. 某企业去年对实验器材的投资为 2 万元，预计今、明两年的投资总额为 8 万元，若设该企业这两年在实验器材投资上的平均增长率为 x，则可列方程（　　）。

A. $2(1+x)+2(1+x)^2=8$

B. $2(1+x)=8$

C. $2(1+x)^2=8$

D. $(1+x)+(1+x)^2=2$

10. 将进货单价为 40 元的商品按 50 元出售时，能卖 500 个，已知该商品每涨价 1 元，其销售量就要减少 10 个，如要达到 8000 元的利润，售价应定为多少元？这时应进货多少个？

1.3　一元一次不等式与一元一次不等式组

探究

大家来想一下，用一根长度为 Lcm 的绳子围成一个正方形，如果要使正方形的面积不大于 25cm^2，那么绳长 L 应满足怎样的关系式？

一般地，用符号“<”（或“≤”）、“>”（或“≥”）连接的式子叫作不等式。

1.3.1 不等式的基本性质

如果在不等式的两边都加上或都减去同一个整式，那么结果会怎样？

如：$3<7$，$3+1=4$，$7+1=8$

即

$$4<8$$

所以

$$3+1<7+1$$

又

$$3-5=-2,\ 7-5=2$$

即

$$-2<2$$

所以

$$3-5<7-5$$

即 $3<7$，有 $3+a<7+a$（a 是常数）。

不等式的基本性质 1：不等式的两边都加上（或减去）同一个整式，不等号的方向不变。

如果在不等式的两边都乘以（或除以）同一个正数，那么结果又会怎样？

如，$3<7$，$3\times2=6$，$7\times2=14$

即

$$6<14$$

所以

$$3\times2<7\times2$$

又

$$3\times\frac{1}{2}=\frac{3}{2},\ 7\times\frac{1}{2}=\frac{7}{2}$$

即

$$\frac{3}{2}<\frac{7}{2}$$

所以

$$3\times\frac{1}{2}<7\times\frac{1}{2}$$

即 $3<7$，a 是正数，就有 $3a<7a$。

不等式的基本性质 2：不等式的两边都乘以（或除以）同一个正数，不等号的方向不改变。

如果在不等式的两边都乘以（或除以）同一个负数，结果又是怎样？

如，$3<7$，$3\times(-2)=-6$，$7\times(-2)=-14$

即

$$-6>-14$$

所以

$$3\times(-2)>7\times(-2)$$

又
$$3\times\left(-\frac{1}{2}\right)=-\frac{3}{2}\qquad 7\times\left(-\frac{1}{2}\right)=-\frac{7}{2}$$

即

$$-\frac{3}{2}>-\frac{7}{2}$$

所以

$$3\times\left(-\frac{1}{2}\right)>7\times\left(-\frac{1}{2}\right)$$

即 $3<7$，若 a 是负数，则 $3a>7a$。

不等式的基本性质 3：不等式的两边都乘以（或除以）同一个负数，不等号的方向要改变。

例 1　将下列不等式化为“$x>a$”或“$x<a$”的形式。

（1）$x-5>-1$；　　　　（2）$-2x>3$。

解　（1）根据不等式的基本性质 1，两边都加上 5，得

$$x>-1+5$$

即

$$x>4$$

（2）根据不等式的基本性质 3，两边都除以 -2，得

$$x<-\frac{3}{2}$$

练　习

1. 已知 $a<b$，用“<”或“>”填空：

（1）$a-3$ ________ $b-3$；　　　　（2）$6a$ ________ $6b$；

（3）$-a$ ________ $-b$；　　　　（4）$a-b$ ________ 0。

2. 将下列不等式化为“$x>a$”或“$x<a$”的形式：

（1）$4x-1>2$；　　　　（2）$-x<\frac{5}{6}$；

（3）$5x+3<-1$；　　　　（4）$-\frac{x}{3}>5$。

1.3.2　一元一次不等式及其解法

能使不等式成立的未知数的值，叫作不等式的解。例如，90 是不等式 $x-10\geqslant 60$ 的一个解。

求不等式所有解的过程，叫作解不等式。不等式的所有解组成这个不等式的解集。

观察下列不等式：

（1）$x-10\geqslant 60$；　　　　（2）$x<3.15$；

(3) $\frac{x}{3}>-7.5$；　　　　　(4) $5+3x\leqslant240$。

这些不等式有哪些共同特点？这些不等式的左右两边都是整式，只含有一个未知数，并且未知数的最高次数是1，像这样的不等式叫作一元一次不等式。

例2　解不等式 $3-2x<x+6$，并把它的解集表示在数轴上。

解　两边都加上 $2x$，得，

$$3-2x+2x<x+6+2x$$

合并同类项，得

$$3<3x+6$$

两边都加上 -6，得

$$3-6<3x+6-6$$

合并同类项，得

$$-3<3x$$

两边都除以3，得

$$-1<x$$

即

$$x>-1$$

这个不等式的解集在数轴上表示如图1-3-1所示。

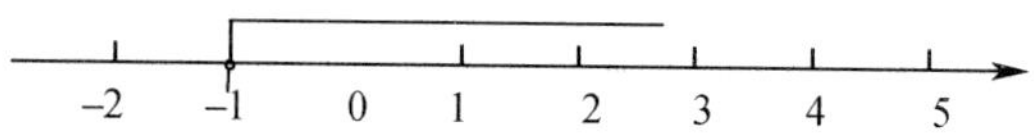

图1-3-1

例3　解不等式 $\frac{1-2x}{3}\geqslant\frac{4-3x}{6}$，并把它的解集表示在数轴上。

解　去分母，得

$$2(1-2x)\geqslant4-3x$$

去括号，得

$$2-4x\geqslant4-3x$$

移项，合并同类项，得

$$-2\geqslant x$$

即

$$x\leqslant-2$$

这个不等式的解集在数轴上表示如图1-3-2所示。

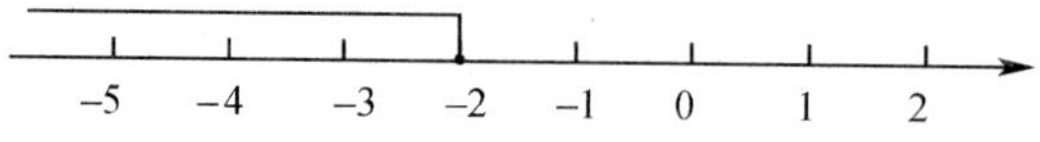

图1-3-2

问题解决

煤气公司按如下标准收取煤气费，若每户每月用煤气不超过 $50m^3$，则每立方米收费 0.8 元；若每户每月用煤气超过 $50m^3$，则超出的部分每立方米收费 1 元。小宁家某月的煤气费不少于 60 元，那么他家这个月的用煤气量至少是多少？

问题解决

1.3.2　问题解决

练　习

1. 解下列不等式，并把它们的解集分别表示在数轴上。

(1) $6-2x>0$；　　(2) $2(1-3x)>3x+20$；

(3) $\frac{2x-1}{2}<\frac{x}{2}$；　　(4) $\frac{x-1}{2}\geqslant\frac{7-x}{3}$。

2. 求不等式 $4(x+1)\leqslant 64$ 的正整数解。

1.3.3　一元一次不等式组及其解法

探究

我们看下面的问题：

于涛同学准备用奖学金 200 元钱请同学看电影，电影票每张 12 元，若把好朋友都请上，他最少要买 10 张票，若留出往返车费 20 元，他最多可以买多少张电影票？

一般地，关于同一未知数的几个一元一次不等式合在一起，就组成一个一元一次不等式组。

一元一次不等式组中各个不等式的解集的公共部分，叫作这个一元一次不等式组的解集，求不等式组的解集的过程，叫作解不等式组。

例 4　解不等式组 $\begin{cases}2x>1 & ①\\ x-3<0 & ②\end{cases}$

解　解不等式①，得

$$x>\frac{1}{2}$$

解不等式②，得

$$x<3$$

在同一条数轴上表示不等式①、②的解集，如图 1-3-3 所示。

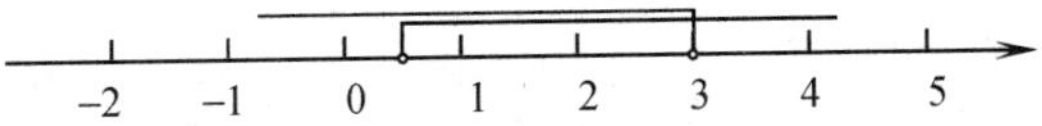

图 1-3-3

所以原不等式组的解集是$\frac{1}{2}<x<3$。

例 5　解不等式组

$$\begin{cases}\frac{x+1}{2}>1 & ① \\ 7x-8<9x & ②\end{cases}$$

解　解不等式①，得

$$x>1$$

解不等式②，得

$$x>-4$$

在同一条数轴上表示不等式①、②的解集，如图 1-3-4 所示。

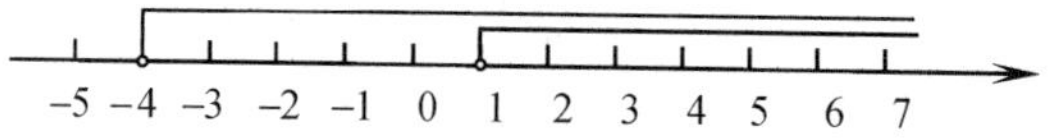

图 1-3-4

所以，原不等式的解集是 $x>1$。

练　习

解下列不等式组：

(1) $\begin{cases}x-1>-x \\ \frac{1}{2}x<3\end{cases}$　　(2) $\begin{cases}\frac{1}{2}x>\frac{1}{3}x \\ 4x-3\geqslant 1\end{cases}$

(3) $\begin{cases}5x-2<3(x+1) \\ \frac{1}{2}x-1\leqslant 7-\frac{3}{2}x\end{cases}$　　(4) $\begin{cases}2x-5<0 \\ 3-x<-1\end{cases}$

习　题

1. 判断正误：

(1) 由 $2a>3$，得 $a>\frac{3}{2}$。　(　　)

(2) 由 $2-a<0$，得 $2<a$。　(　　)

(3) 由 $a<b$，得 $2a<2b$。　(　　)

(4) 由 $a>b$，得 $a+m>b+m$。　(　　)

(5) 由 $a>b$，得 $-2a>-2b$。　(　　)

(6) 由 $-\frac{1}{2}>-1$，得 $-\frac{a}{2}>-a$。　(　　)

2. 解下列不等式组，并把它们的解集分别表示在数轴上。

（1）$\begin{cases}8x+5>9x+6\\2x-1<7\end{cases}$　　　　（2）$\begin{cases}2x+3\leqslant 5\\3x-2\geqslant 4\end{cases}$

3. 有 56 人准备乘出租车外出搞活动，现有 A、B 两个出租车队，A 队比 B 队少 3 辆车，若全部安排乘 A 队的车，每辆车坐 5 人，车不够；每辆车坐 6 人，有的车未坐满；若全部安排乘 B 队的车，每辆车坐 4 人，车不够；每辆车坐 5 人，有的车未坐满，则 A 队有出租车（　　）。

A. 11 辆　　B. 10 辆　　C. 9 辆　　D. 8 辆

回顾与小结

本章主要复习了有理数、实数的概念及运算；整式、分式的运算；一元一次方程、二元一次方程组、三元一次方程组、一元二次方程的解法；一元一次不等式组的解法。

一、实数

1. 实数：有理数和无理数统称为实数。

- 实数
  - 有理数
    - 整数
      - 正整数
      - 零
      - 负整数
      - （正整数、零：自然数）
    - 分数
      - 正分数
      - 负分数
  - 无理数
    - 正无理数
    - 负无理数

2. 实数的四则运算法则

加法：同号两数相加，取原来的符号，并把绝对值相加；异号两数相加，取绝对值较大的数的符号，并用较大的绝对值减去较小的绝对值；任何数与零相加等于原数；互为相反的两个数相加等于零。

减法：减去一个数，等于加上这个数的相反数。

乘法：两数相乘，同号得正，异号得负，并把绝对值相乘；零乘以任何数都得零；任何数乘以 1 都等于原数。

除法：零不能作除数，除以一个不为零的数等于乘以这个数的倒数。

二、代数式

1. 幂的运算法则

$$a^m\cdot a^n=a^{m+n}$$

$$a^m\div a^n=a^{m-n}\ (a\neq 0,\ m>n)$$

$$(ab)^n=a^n\cdot b^n$$

单项式乘多项式：$a(b+c-d)=ab+ac-ad$

多项式乘以多项式：$(a+b)(m+n)=am+an+bm+bn$

乘法公式：

$$(a\pm b)^2=a^2\pm 2ab+b^2$$

$$(a+b)(a-b)=a^2-b^2$$

2. 分式的基本性质

$$\frac{A}{B}=\frac{A\times M}{B\times M}\qquad \frac{A}{B}=\frac{A\div M}{B\div M}\text{（}M\text{为不等于零的整式）}$$

3. 分式的运算

加减法：$\frac{a}{b}\pm\frac{c}{d}=\frac{ad}{bd}\pm\frac{bc}{bd}=\frac{ad\pm bc}{bd}$

乘法：$\frac{a}{b}\cdot\frac{c}{d}=\frac{ac}{bd}$

除法：$\frac{a}{b}\div\frac{c}{d}=\frac{a}{b}\times\frac{d}{c}=\frac{ad}{bc}$

乘方：$\left(\frac{a}{b}\right)^n=\frac{a^n}{b^n}$

4. 二次根式的运算

加减法：先把各式化为最简根式，再合并同类项。

乘法：$\sqrt{a}\cdot\sqrt{b}=\sqrt{ab}$（$a\geqslant 0$，$b\geqslant 0$）

除法：$\frac{\sqrt{a}}{\sqrt{b}}=\sqrt{\frac{a}{b}}$（$a\geqslant 0$，$b>0$）

三、方程（组）

1. 一元一次方程

形如 $ax+b=0$（$a\neq 0$）的方程，叫作一元一次方程，它的解是：$x=-\frac{b}{a}$。

2. 一元二次方程

形如 $ax^2+bx+c=0$（$a\neq 0$）的方程叫作一元二次方程，其中 $\Delta=b^2-4ac$ 叫作根的判别式。

当 $\Delta>0$ 时，方程有两个不等实根，它们分别是：

$x_1=\frac{-b-\sqrt{b^2-4ac}}{2a}$，$x_2=\frac{-b+\sqrt{b^2-4ac}}{2a}$

当 $\Delta=0$ 时，方程有两个相等实根，它们是 $x_1=x_2=-\frac{b}{2a}$。

当 $\Delta<0$ 时，方程没有实根。

3. 一次方程组

由几个一次方程组成，且含有两个（或三个）未知数的方程组叫二元（三元）一次方程组。一次方程组的解法一般有代入消元法和加减消元法。

复习题

1. 判断题：

(1) 0 的平方根和算术平方根都是它本身。 (　　)

(2) $(-2)^2$ 的算术平方根是 -2。 (　　)

(3) $3x^4 \div 2y \times \frac{1}{xy} = \frac{3}{2}x^4$。 (　　)

(4) 如果 $a=2+\sqrt{3}$，那么 a 的倒数是 $2-\sqrt{3}$。 (　　)

(5) 当 $x=2$ 时，$\frac{|x|-2}{x^2+x-6}$ 的值为零。 (　　)

(6) 若 $|2x-5|=5-2x$，则 $x<\frac{5}{2}$。 (　　)

2. 若 $|a+2|$ 与 $\sqrt{b-3}$ 互为相反数，则 $a+b=$________；$a^b=$________。

3. 对于分式 $\frac{x-2}{2x+1}$，当 x ________时，分式有意义；当 x ________时，分式值为零。

4. 若分式 $\frac{|x|-1}{(x^2-3)(x+1)}$ 的值为零，则 $x=$__________。

5. 下列运算中，正确的是（　　）。

A. $x^2 \cdot x^3 = x^6$　　B. $(ab)^3 = a^3 \cdot b^3$

C. $3a+2a=5a^2$　　D. $(a-1)^2=a^2-1$

6. 已知 a、b 为实数，下列各式中一定为正值的是（　　）。

A. a^2-2a+2　　B. $\sqrt{(a+b)^2}$

C. a^2+b^2　　D. $(a+1)^2+|b+2|$

7. 若 $y^2+4y+4+\sqrt{x+y-1}=0$，则 xy 的值等于（　　）。

A. -6　　B. -2　　C. 2　　D. 6

8. 某经济开发区今年一月份工业产值达 50 亿元，第一季度总产值为 175 亿元，问二月、三月平均每月的增长率是多少？设平均每月的增长率为 x，根据题意得方程为（　　）。

A. $50(1+x)^2=175$

B. $50+50(1+x)+50(1+x)^2=175$

C. $50(1+x)+50(1+x)^2=175$

D. $50+50(1+x)^2=175$

9. 下列方程中有唯一解的方程组是（　　）。

A. $\begin{cases} x+y=3 \\ 2x+2y=1 \end{cases}$　　B. $\begin{cases} x+2y=3 \\ 2x+4y=0 \end{cases}$

C. $\begin{cases} x=2y+3 \\ 6y=3x+9 \end{cases}$　　D. $\begin{cases} x+2y=3 \\ 2x-4y=6 \end{cases}$

10. 阅读下面的文字后，回答问题。

小明和小芳解答题目“先简化，再求值”：$a+\sqrt{1-2a+a^2}$，其中 $a=9$ 时，得出了不同的答案。

小明的解答是：原式$=a+\sqrt{(1-a)^2}=a+(1-a)=1$

小芳的解答是：原式$=a+\sqrt{(1-a)^2}=a+a-1$

$=2a-1=2\times9-1=17$

(1) ______________的解答是错误的。

(2) 错误的解答在于未能正确运用二次根式的性质________。

11. 小王上周五在股市以收盘价（收市时的价格）每股 25 元买进某公司股票 1000 股。在接下来的一周交易日内，小王记下该股票每日收盘价相比前一天涨跌情况（单位：元）。

星期	一	二	三	四	五
每股涨跌（元）	+2	−0.5	+1.5	−1.8	+0.8

根据上表回答问题：

(1) 星期二收盘时，该股票每股多少元？

(2) 本周内该股票收盘时的最高价、最低价分别是多少？

(3) 若买入股票与卖出股票均需支付成交金额的千分之五的交易费，假设小王在本周五以收盘价将全部股票卖出，他的收益情况如何？

12. 某人将 2000 元人民币按一年定期存入银行，到期后支取 1000 元用作购物，剩下的 1000 元及应得利息又全部按一年定期存入银行，若存款的利率不变，到期后得本金和利息共 1320 元，求这种存款方式的年利率。

第 2 章　集　　合

集合是基本的数学语言，充要条件是逻辑知识的基本概念。这些知识所蕴含的数学思想方法，渗透在生活和职业中的各个领域，同时这些知识也是基本数学素养的重要组成部分。学习这些知识，有助于我们准确地描述客观世界中的对象，进而对其分类研究，以便抓住事物的特征，提高运用数学语言进行表述与交流的能力。

【本章学习目标】

学完本章内容，你将能够：

◎ 感受集合的含义，懂得集合的作用

◎ 用适当的方法表示集合

◎ 知道集合之间的关系

◎ 进行集合之间的运算

◎ 了解充分条件、必要条件的含义

2.1　集合与元素

在生活中，我们常常需要对事物按其某种确定的标准进行分类，如男生、女生，奇数、偶数等。对分类后的事物，用怎样的数学语言进行描述呢？先看下面的例子：

（1）我们学校一年级所有的同学。

（2）小于 10 的自然数。

（3）方程 $x^2-1=0$ 的所有实根。

（4）不等式 $3x-2>0$ 的所有解。

这些例子中，都涉及一些确定的对象。我们把一些可以确定的对象组成整体叫作集合，集合通常用大写英文字母 A，B，C，……表示。而其中的每个对象都叫作集合的元素，集合的元素通常用小写英文字母 a，b，c，……表示。

上面的例子都分别可以组成集合。

再看一个不能形成集合的例子。

例如，如果把一些非常大的数看成一个整体，那么这个整体就不能形成集合，因为所说的“非常大”的数是不能确定的。

思考交流

举出两个能构成集合的实例，再举出两个不能构成集合的实例。

例 1　以下不能形成集合的是（　　）。

A. 正方形的全体

B. 某校会计专业的所有学生

C. 某校图书馆中所有好看的小说

D. 所有的偶数

解　根据集合中元素确定性的特点，可知 A、B、D 都能形成集合，只有 C 不能形成集合，因为正方形、会计专业的学生、偶数都是可以确定的，而“好看的”小说是没有标准的，因此应选 C。

思考

2.1　思考交流例 1

例 2　下列对象能否组成集合？

（1）中国的直辖市；

（2）方程 $x^2-1=0$ 的所有解；

（3）大于 3 的自然数；

（4）著名的科学家。

解（1）中国的直辖市分别是北京市、上海市、天津市和重庆市，它们是确定的对象，可以组成集合。

（2）方程 $x^2-1=0$ 的所有解是 -1 和 1，它们是确定的对象，可以组成集合。

（3）大于 3 的自然数是确定的对象，可以组成集合。

（4）由于判定一个科学家是否著名没有具体的标准，对象是不确定的，所以不能组成集合。

一般来说，集合中元素应满足以下三个要求：

（1）确定性：元素是应该能确定的；

（2）互异性：元素应该是互不相同的；

（3）无序性：元素在集合中是没有顺序的。

集合三特性

2.1　集合的三个特性

下面是一些常用的数集及其记法：

全体非负整数组成的集合叫作自然数集，记作 $\mathbf{N}$。

全体正整数组成的集合叫作正整数集，记作 $\mathbf{N}^*$ 或 $\mathbf{N}_+$。

全体整数组成的集合叫作整数集，记作 $\mathbf{Z}$。

全体有理数组成的集合叫作有理数集，记作 $\mathbf{Q}$。

全体实数组成的集合叫作实数集，记作 $\mathbf{R}$。

有时候，还用 $\mathbf{Q}_+$ 表示正有理数集，$\mathbf{Q}_-$ 表示负有理数集；$\mathbf{R}_+$ 表示正实数集，$\mathbf{R}_-$ 表示负实数集。

一般地，如果 a 是集合 A 的元素，就说 a 属于 A，记作 $a\in A$；如果 a 不是集合 A 的元素，就说 a 不属于 A，记作 $a\notin A$。

例如，2 是自然数，我们说 2 属于 **N**，记作 $2\in\mathbf{N}$；-2 不是自然数，我们说 -2 不属于 **N**，记作 $-2\notin\mathbf{N}$。

例 3　用符号"$\in$"或"$\notin$"填空。

(1) -3 ________ $\mathbf{N}$；　　(2) 0.5 ________ $\mathbf{Z}$；

(3) 3 ________ $\mathbf{N}$；　　(4) 0.2 ________ $\mathbf{Q}$；

(5) -5 ________ $\mathbf{Z}$；　　(6) π ________ $\mathbf{R}$。

解 (1) $\notin$；(2) $\notin$；(3) $\in$；(4) $\in$；(5) $\in$；(6) $\in$。

注意："$\in$""$\notin$"表示元素与集合之间的一种个体与整体的关系。只能用在元素与集合之间，不能用在集合与集合之间。

集合中含有有限个元素时，叫作有限集；含有无限个元素时，叫作无限集；集合中没有元素时，叫作空集，用符号$\varnothing$表示。如：方程 $x^2+1=0$ 的实数根组成的集合是空集。

练　习

1. 下列对象能否组成集合，并说明理由。

(1) 全体大于 10 的自然数；

(2) 与 1 接近的实数；

(3) 一个星期七天的名称；

(4) 5 的倍数。

2. 用符号"$\in$"或"$\notin$"填空。

(1) -3 ________ $\mathbf{N}$；　　(2) 3.14 ________ $\mathbf{Q}$；

(3) $3\frac{1}{3}$ ________ $\mathbf{Z}$；　　(4) $\sqrt{3}$ ________ $\mathbf{R}$；

(5) $-\frac{1}{2}$ ________ $\mathbf{R}$；　　(6) 0 ________ $\varnothing$。

3. 已知 $A=\{x\mid 3-3x>0\}$，则下列各式正确的是（　　）。

A. $3\in A$　　B. $1\in A$

C. $0\in A$　　D. $-1\notin A$

习　题

1. 下列对象是否能组成集合？

(1) 中国古代四大发明；

(2) 小于 5 的自然数；

(3) 周长为 10 的三角形；

(4) 本班数学成绩较好的同学。

2. 用符号“$\in$”或“$\notin$”填空。

(1) 1 ________ $\mathbf{N}$；　　(2) -2 ________ $\mathbf{R}$；

(3) 0.5 ________ $\mathbf{Z}$；　　(4) -5 ________ $\mathbf{N}$；

(5) $\sqrt{2}$ ________ $\mathbf{Q}$；　　(6) π ________ $\mathbf{R}$。

3. 下列关系中，正确的个数为________。

①$\frac{1}{2}\in\mathbf{R}$；　②$\sqrt{2}\in\mathbf{Q}$；　③$|-3|\in\mathbf{N}^*$；　④$|-\sqrt{3}|\in\mathbf{Q}$。

4. 已知集合 $A=\{x\in\mathbf{N}^* \mid -\sqrt{5}\leqslant x\leqslant\sqrt{5}\}$，则必有（　　）。

A. $-1\in A$　　B. $0\in A$　　C. $\sqrt{3}\in A$　　D. $1\in A$

5. 已知集合 $A=\{1, a, 2\}$，实数 a 不能取的值的是________。

6. 已知 $P=\{x \mid 2<x<a, x\in\mathbf{N}\}$，已知集合 P 中恰有 3 个元素，则整数 $a=$____。

2.2　集合的表示法

表示集合的方法通常有两种：列举法和描述法。

2.2.1　列举法

把集合的元素一一列举出来，写在大括号内，元素之间用逗号隔开，这种表示集合的方法，叫作列举法。例如，不大于 5 的自然数的集合，用列举法表示为 $\{0, 1, 2, 3, 4, 5\}$。

一般地，列举法适用于元素不太多的情况，但如果元素较多，在不发生误解的情况下，也可以列出部分元素作为代表，其他元素用省略号表示，例如自然数的集合可表示为：

$$\{0, 1, 2, 3, \cdots\}$$

集合 $\{a\}$ 叫单元素集合。

例 1　用列举法表示下列集合：

(1) 由 1，2，3，4，5，6 组成的集合；

(2) 方程 $x-1=0$ 的解组成的集合；

(3) 小于 100 的所有自然数组成的集合。

解　(1) $\{1, 2, 3, 4, 5, 6\}$；

(2) $\{1\}$；

(3) $\{0, 1, 2, 3, \cdots, 99\}$。

思考

2.2　思考交流

思考交流

0 与 $\{0\}$ 有什么区别？

练　习

用列举法表示下列集合：

(1) {小于 2 的自然数}；

(2) {大于 3 小于 10 的偶数}；

(3) $\{x|x^2-2x-3=0\}$；

(4) {绝对值等于 1 的数}。

2.2.2　描述法

一般地，用集合中元素的共同特征来表示集合的方法叫作描述法。描述法的一般形式为 $\{x \mid x$ 具有的共同特征$\}$。

例如，不大于 5 的自然数组成的集合，用描述法表示为 $\{x|x\leqslant 5, x\in \mathbf{N}\}$；偶数组成的集合，用描述法可表示为：{偶数}。

例 2　用描述法表示下列集合：

(1) 不等式 $2x+1\leqslant 0$ 的所有解；

(2) 所有正奇数。

解 (1) $\{x|2x+1\leqslant 0\}$；

(2) $\{x|x=2n+1, n\in \mathbf{N}\}$。

练　习

1. 用描述法表示下列集合：

(1) 不等式 $2x-3\geqslant 0$ 的解集；

(2) 小于 2 的实数组成的集合；

(3) 所有正方形组成的集合。

2. 选择适当的方法表示下列集合。

(1) 由方程 $x^2-3x-10=0$ 的所有实数根组成的集合；

(2) 大于 2 且小于 6 的有理数；

(3) 由直线 $y=-x+4$ 上的横坐标和纵坐标都是自然数的点组成的集合。

习　题

1. 用列举法表示下列集合：

(1) 最小的自然数组成的集合；

(2) 小于 9 的质数组成的集合；

(3) $\{y|0<y\leqslant 3, y\in \mathbf{N}\}$。

2. 用描述法表示下列集合：

(1) 不等式 $2x-5>3$ 的解集；

(2) 绝对值小于 4 的实数组成的集合；

(3) 平面直角坐标系中，直线 $x-y+2=0$ 上的点组成的集合。

3. 用适当的方法表示下列集合：

(1) 方程 $x^2-x-2=0$ 的实数解组成的集合；

(2) 5 的正整数倍数组成的集合；

(3) 所有的锐角三角形组成的集合。

4. 已知集合 $A=\{x \mid ax^2-3x-4=0, x\in \mathbf{R}\}$，

(1) 若 A 中有两个元素，求实数 a 的取值范围；

(2) 若 A 中至多有一个元素，求实数 a 的取值范围。

2.3　集合之间的关系

2.3.1　子集

观察下面的集合

$A=\{2, 4, 6, 8, 10\}$；　　　　　　　　$B=\{2, 6, 8\}$。

可以看到集合 B 的每一个元素都是集合 A 的元素，那么，集合 B 叫作集合 A 的子集，记作 $B\subseteq A$ 或 $A\supseteq B$，读作“B 包含于 A”或“A 包含 B”。

我们规定：空集是任何集合的子集，即 $\varnothing\subseteq A$。

思考交流

如果 A 是任意一个集合，那么 A 是 A 的子集吗？为什么？

因为集合 A 中的每一个元素都属于集合 A，所以集合 A 是集合 A 的子集，即 $A\subseteq A$。这表明，任何集合都是它本身的子集。

例 1　写出集合 $A=\{0, 1, 2\}$ 的所有子集。

解　集合 A 中的所有子集是：$\varnothing$、$\{0\}$、$\{1\}$、$\{2\}$、$\{0, 1\}$、$\{0, 2\}$、$\{1, 2\}$、$\{0, 1, 2\}$。

例 2　用适当的符号（$\in$，$\notin$，$\subseteq$，$\supseteq$）填空：

(1) 0 ________ $\mathbf{R}$；

(2) d ________ $\{a, b, c\}$；

(3) $\mathbf{N}$ ________ $\mathbf{Z}$；

(4) $\{1, 2\}$ ________ $\{1, 2, 3\}$；

(5) $\varnothing$ ________ $\{0\}$；

(6) $\{x \mid 0<x<5\}$ ________ $\{x \mid 1<x<3\}$。

例题

2.3　例 2

解 (1) $\in$；(2) $\notin$；(3) $\subseteq$；(4) $\subseteq$；(5) $\subseteq$；(6) $\supseteq$。

2.3.2 真子集

观察例 1 中，集合 A 的 8 个子集，前 7 个子集显然与第 8 个不同，对于前 7 个子集中的每一个，集合 A 中都至少有一个元素不属于它。如 $0\notin\{1, 2\}$。

一般地，如果集合 B 是集合 A 的子集，并且集合 A 中至少有一个元素不属于集合 B，那么集合 B 叫作集合 A 的真子集，记作 $B\subsetneqq A$ 或 $A\supsetneqq B$，读作："B 真包含于 A" 或 "A 真包含 B"。

显然，空集是任何非空集合的真子集，记作：$\varnothing\subsetneqq A$（A 非空）。

2.3.3 集合的相等

已知集合 $A=\{x|x^2-5x-6=0\}$，$B=\{-1, 6\}$，它们的元素完全相同，只是表示方法不同，我们说 A 与 B 相等。

一般地，如果两个非空集合的元素完全相同，那么我们就说两个集合相等，记作 $A=B$。

集合的相等

2.3.3 集合的相等

例 3 说出下列两个集合的关系：

$A=\{a, b, c\}$，$B=\{a, b, c, d, e\}$；

$C=\{x|x^2=1\}$，$D=\{-1, 1\}$；

$E=\{x|x$ 是 3 的倍数$\}$，$F=\{x|x$ 是 6 的倍数$\}$。

解 (1) $A\subsetneqq B$； (2) $C=D$； (3) $E\supsetneqq F$。

练 习

1. 设集合 $A=\{a, b\}$，试写出 A 的所有子集，并指出 A 的真子集。

2. 已知集合 $A=\{0, 1, 2\}$，$B=\{1, 2\}$，下列关系中哪些正确，哪些不正确？

(1) $0\in A$；(2) $0\notin A$；(3) $\{1\}\subseteq A$；

(4) $\varnothing\subsetneqq B$；(5) $\{0\}\subsetneqq B$；(6) $B\supsetneqq A$。

3. 用适当的符号（$\in$，$\notin$，$=$，$\subsetneqq$，$\supsetneqq$）填空。

(1) -3 ________ $\{-3, 3\}$； (2) -2 ________ $\{x||x|=2\}$；

(3) 3 ________ $\{-3, 0\}$； (4) $\{-2\}$ ________ $\{x||x|=2\}$；

(5) $\{-1, 1\}$ ______ $\{x|x^2=1\}$； (6) $\{0, 1\}$ ______ $\{x|x\geqslant -1\}$。

4. 在下列各式中错误的个数是（　　）。

①$1\in\{0, 1, 2\}$； ②$\{1\}\in\{0, 1, 2\}$；

③$\{0, 1, 2\}\subseteq\{0, 1, 2\}$； ④$\{0, 1, 2\}\subseteq\{2, 0, 1\}$。

A. 1 B. 2

C. 3 D. 4

5. 下列说法：

①空集没有子集；

②任何集合至少有两个子集；

③空集是任何集合的真子集；

④若$\varnothing \subseteq A$，则$A \neq \varnothing$。

其中正确的有（　　）。

A. 0 个　　B. 1 个

C. 2 个　　D. 3 个

习　题

1. 写出集合$\{1, 2, 3\}$的全部子集，并指出真子集。

2. 指出下列各题中，两个集合的关系：

(1) $M=\{2, 4, 5, 7\}$，$N=\{2, 7\}$；

(2) $P=\{x \mid x^2-1=0\}$，$Q=\{-1, 1\}$；

(3) $A=\{$整数$\}$，$B=\{$奇数$\}$；

(4) $C=\{x \mid x>1\}$，$D=\{x \mid x>0\}$。

3. 用适当的符号（$\in$，$\notin$，$=$，$\subsetneqq$，$\supsetneqq$）填空。

(1) 0 ________ $\{0\}$；

(2) d ________ $\{a, b, c, d\}$；

(3) $\{3, 5\}$ ________ $\{1, 3, 5, 7\}$；

(4) $\{a, b\}$ ________ $\{b, a\}$；

(5) $\varnothing$ ________ $\{1, 3, 5, 7\}$；

(6) $\{2, 3\}$ ________ $\{x \mid x^2-5x+6=0\}$。

4. 下列各式中，正确的是（　　）。

A. $2\sqrt{3} \in \{x \mid x \leqslant 3\}$　　B. $2\sqrt{3} \notin \{x \mid x \leqslant 3\}$

C. $2\sqrt{3} \subseteq \{x \mid x \leqslant 3\}$　　D. $\{2\sqrt{3}\} \notin \{x \mid x \leqslant 3\}$

5. 集合$B=\{a, b, c\}$，$C=\{a, b, d\}$，集合A满足$A \subseteq B$，$A \subseteq C$，则集合A的个数是________。

6. 已知集合$A=\{x \mid 1 \leqslant x<4\}$，$B=\{x \mid x<a\}$，若$A \subseteq B$，求实数$a$的取值集合。

2.4　集合的运算

2.4.1　交集

已知集合$A=\{1, 2, 3\}$，集合$B=\{1, 3, 5\}$，由集合A和集合B的所有公共元素组成的一个新集合$\{1, 3\}$，集合$\{1, 3\}$就叫集合A与集合B的交集。

一般地，对于两个给定集合 A 与 B，由既属于集合 A 又属于集合 B 的所有元素所组成的集合，叫作集合 A 与 B 的交集，记作 $A\cap B$，读作：“A 交 B”。

如图 2-4-1 所示。

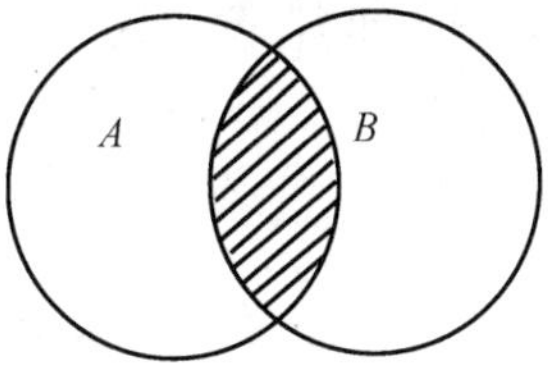

图 2-4-1

例如：上例可写成 $A\cap B=\{1, 2, 3\}\cap\{1, 3, 5\}=\{1, 3\}$。

从交集的定义我们容易推出，对于任何集合 A、B 有：

(1) $A\cap A=A$；

(2) $A\cap\varnothing=\varnothing$；

(3) $A\cap B=B\cap A$。

例题

2.4.1 交集例 1

例 1 求下列各题中两个集合的交集：

(1) $A=\{1, 2, 3, 6\}$，$B=\{1, 2, 4\}$；

(2) $A=\{x|x\geqslant 0\}$，$B=\{x|x<3\}$。

解 (1) $A\cap B=\{1, 2, 3, 6\}\cap\{1, 2, 4\}=\{1, 2\}$。

(2) $A\cap B=\{x|x\geqslant 0\}\cap\{x|x<3\}=\{x|0\leqslant x<3\}$。

如图 2-4-2 所示。

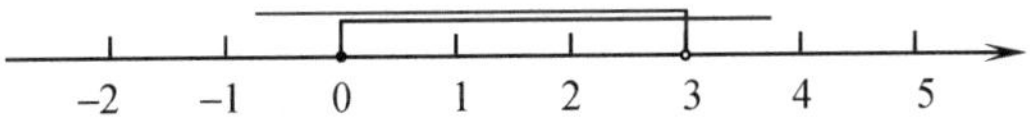

图 2-4-2

练 习

填空题：

(1) $\{6, 7, 8, 9\}\cap\{5, 6, 7\}=$__________；

(2) $\{a, c, f\}\cap\{b, d, e\}=$__________；

(3) $\mathbf{Q}\cap\mathbf{R}=$__________；

(4) $\{x|x>1\}\cap\{x|x\leqslant 4\}=$__________。

2.4.2 并集

已知集合 $A=\{1, 2, 3, 6\}$，集合 $B=\{1, 2, 4\}$，如果把 A、B 中所有元素合并在一起也可以组成一个新的集合 $\{1, 2, 3, 4, 6\}$。

一般地，对于两个给定集合 A 与 B，将它们全部的元素合并在一起组成的集合，叫作 A 与 B 的并集，记作 $A\cup B$，读作："A 并 B"。

如：$\{1, 2, 3, 6\}\cup\{1, 2, 4\}=\{1, 2, 3, 4, 6\}$。

从并集的定义可知，对于任意两个集合 A、B，都有

(1) $A\cup A=A$;

(2) $A\cup\varnothing=A$;

(3) $A\cup B=B\cup A$。

如果 $A\subseteq B$，那么 $A\cup B=B$。

如图 2-4-3 所示

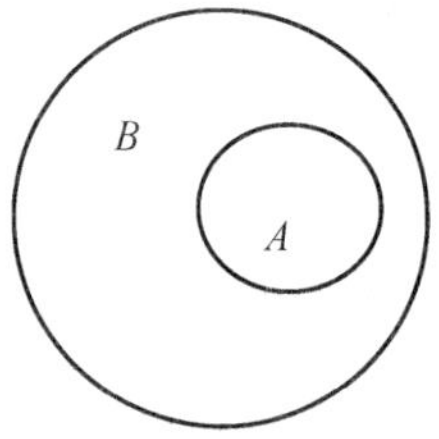

图 2-4-3

例 2　求下列各题中两个集合的并集：

(1) $A=\{2, 3, 5\}$，$B=\{-1, 0, 1, 2\}$;

(2) $A=\{x\mid 0<x\leqslant 2\}$，$B=\{x\mid 1<x\leqslant 3\}$。

解　(1) $A\cup B=\{2, 3, 5\}\cup\{-1, 0, 1, 2\}$

$=\{-1, 0, 1, 2, 3, 5\}$。

(2) $A\cup B=\{x\mid 0<x\leqslant 2\}\cup\{x\mid 1<x\leqslant 3\}$

$=\{x\mid 0<x\leqslant 3\}$。

例 3　已知集合 $A=\{x\mid -1\leqslant x<3\}$，$B=\{x\mid x>0\}$ 求 $A\cap B$ 和 $A\cup B$，并用数轴上的相应点集表示。

解　$A\cap B=\{x\mid -1\leqslant x<3\}\cap\{x\mid x>0\}=\{x\mid 0<x<3\}$。如图 2-4-4 所示。

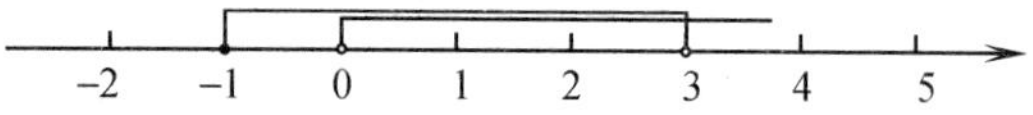

图 2-4-4

$A\cup B=\{x\mid -1\leqslant x<3\}\cup\{x\mid x>0\}=\{x\mid x\geqslant -1\}$。如图 2-4-5 所示。

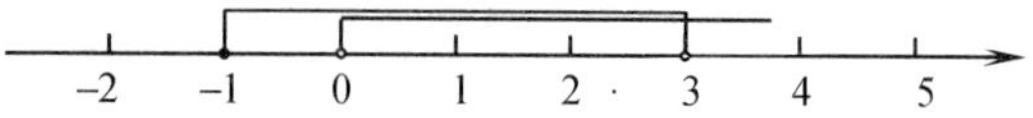

图 2-4-5

2.4.3　补集

我们在研究集合与集合之间的关系时，如果一些集合都是某一给定集合的子集，那么称这个给定集合为这些集合的全集，通常用 U 表示，如图 2-4-6 所示。

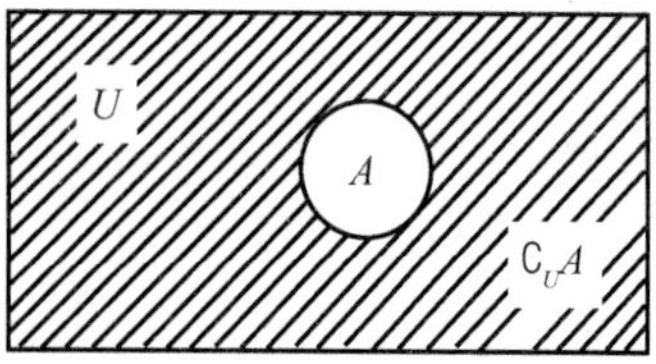

图 2-4-6

如果 A 是全集 U 的一个子集，那么由 U 中所有不属于 A 的元素组成的集合，叫作

A 在 U 中的补集，记作 $\complement_U A$，读作“A 在 U 中的补集”。

例 4　设全集 $U=\{1, 2, 3, 4, 5\}$，$A=\{1, 5\}$，求 $\complement_U A$ 及 $\complement_U(\complement_U A)$。

解　$\complement_U A=\{2, 3, 4\}$；　　　$\complement_U(\complement_U A)=\{1, 5\}=A$。

根据补集的定义，可知，对任意集合 A 都有：

(1) $A\cup(\complement_U A)=U$；

(2) $A\cap(\complement_U A)=\varnothing$；

(3) $\complement_U(\complement_U A)=A$。

练　习

1. 填空题：

(1) $\{a, b, c, d\}\cup\{c, d, e\}=$__________；

(2) $\{-2, -1, 0, 1, 2\}\cup\{1, 2, 3\}=$__________；

(3) $\{x|x\geqslant 0\}\cup\{x|x<0\}=$__________。

2. 已知 $U=\{a, b, c, d, e\}$，$A=\{a, e\}$，求 $\complement_U A$。

习　题

1. 已知 $A=\{1, 2, 3, 4\}$，$B=\{2, 4, 5\}$，则 $A\cap B=$__________________，$A\cup B=$__________。

2. 已知 $A=\{(x, y)\ |y=-x+3\}$，$B=\{(x, y)\ |y=2x-1\}$，求 $A\cap B$。

3. 已知全集 $I=\{x|x\leqslant 8$，且 $x\in\mathbf{Z}_+\}$，集合 $A=\{2, 4, 6, 8\}$，$B=\{1, 3, 5, 6\}$，求：

(1) $\complement_I A=$__________，$\complement_I B=$__________；

(2) $A\cap B=$__________，$A\cup B=$__________；

(3) $A\cap(\complement_I B)=$__________，$B\cap(\complement_I A)=$__________；

(4) $A\cup(\complement_I B)=$__________，$B\cup(\complement_I A)=$__________；

(5) $(\complement_I A)\cap\complement IB)=$__________，$(\complement_I A)\cup(\complement_I B)=$__________；

(6) $\complement_I(A\cap B)=$__________，$\complement_I(A\cup B)=$__________；

4. 已知全集 $U=\mathbf{R}$，$A=\{x|-4<x\leqslant 1\}$，则 $\complement_U A=$______________。

5. 50 名学生参加甲、乙两项体育活动，每人至少参加了一项，参加甲项的学生有 30 名，参加乙项的学生有 25 名，则仅参加了一项活动的学生人数为__________。

习题

习题第 6 题

6. 已知集合 $A=\{-4, 2a-1, a^2\}$，$B=\{a-5, 1-a, 9\}$，若 $A\cap B=\{9\}$，求 a 的值。

7. 已知 $A=\{x|2a\leqslant x\leqslant a+3\}$，$B=\{x|x<-1$ 或 $x>5\}$，若 $A\cap B=\varnothing$，求 a 的取值范围。

2.5　充要条件

2.5.1　充分条件、必要条件

某班级有50名学生，其中团员有35名，甲同学要当选团支部书记，必须具备什么条件？

一般地，若命题“如果 p，那么 q”是正确的，即 $p \Rightarrow q$，那么我们就说 p 是 q 的充分条件，或 q 是 p 的必要条件。

例如，命题“如果 $x=1$，那么 $x^2=1$”是正确的，即 $x=1 \Rightarrow x^2=1$，因此，“$x=1$”是“$x^2=1$”的充分条件；“$x^2=1$”是“$x=1$”的必要条件。

例 1　用“充分条件”或“必要条件”填空：

(1) 由于命题“如果 a 是有理数，那么 a 是实数”是正确的，因此“a 是有理数”是“a 是实数”的__________，“a 是实数”是“a 是有理数”的__________。

(2) 由于命题“梯形一组对边平行”是正确的，因此“四边形一组对边平行”是“四边形是梯形”的______________，“四边形是梯形”是“四边形一组对边平行”的______________。

解　(1) 充分条件，必要条件；

(2) 必要条件，充分条件。

例 2　根据下列各组条件，判断命题“如果 p，那么 q”是否是真命题，若是真命题，请指出 p 是 q 的什么条件，q 是 p 的什么条件。

(1) p：$a=b$，q：$|a|=|b|$；

(2) p：三角形的三条边相等；q：三角形的三个角相等。

解　(1) 命题“如果 $a=b$，那么 $|a|=|b|$”是正确的，所以“如果 p，那么 q”是真命题，即 $p \Rightarrow q$，因此 p 是 q 的充分条件，q 是 p 的必要条件。

(2) 命题“如果三角形的三条边相等，那么三角形的三个角相等”是正确的，所以“如果 p，那么 q”是真命题，即 $p \Rightarrow q$，因此 p 是 q 的充分条件，q 是 p 的必要条件。

练　习

1. 用“充分条件”或“必要条件”填空：

(1) 由于“如果 $x>5$，那么 $x>3$”是正确的，因此“$x>5$”是“$x>3$”的__________，“$x>3$”是“$x>5$”的__________。

(2) 由于命题“正方形是平行四边形”是正确的，因此“四边形是平行四边形”是“四边形是正方形”的__________，“四边形是正方形”是“四边形是平行四边形”的__________。

2. 下列各组条件中，"如果 p，那么 q" 是否是真命题？若是真命题，请指出 p 是 q 的什么条件，q 是 p 的什么条件。

（1）p：$a=2$，$b=3$，q：$a+b=5$；

（2）p：$x-1=0$，q：$x^2-1=0$；

（3）p：a 和 b 都是偶数，q：$a+b$ 是偶数；

（4）p：x 是 2 的倍数，q：x 是 6 的倍数。

习题

练习第 2 题

2.5.2　充要条件

一般地，若 p 既是 q 的充分条件，又是 q 的必要条件，我们就说 p 是 q 的充分必要条件，简称充要条件，也称 p 与 q 是等价的，或称 p 等价于 q，记作 $p\Leftrightarrow q$。

例 3　下列各组的条件中，p 是 q 的什么条件？

（1）p：$x-2=0$，q：$(x-2)(x-3)=0$；

（2）p：$a=b$，q：$a-b=0$；

（3）p：$x>3$，q：$x>5$。

解　（1）p 是 q 的充分而不必要条件；

（2）p 是 q 的充要条件；

（3）p 是 q 的必要而不充分条件。

练　习

1. 用符号"$\Rightarrow$""$\Leftarrow$""$\Leftrightarrow$"填空：

（1）$x>0$ 且 $y>0$ __________ $xy>0$；

（2）$ab=0$ __________ $a=0$；

（3）$x^2=4$ __________ $x=\pm 2$。

习题

练习第 1 题

2. 下列各组条件中，p 是 q 的什么条件？

（1）p：四边形四边相等，q：四边形为正方形；

（2）p：m 为无理数，q：m 为实数；

（3）p：$A\cup B=A$，q：$B\subseteq A$。

3. 设 p 是 q 的充要条件，r 是 q 的充分而不必要条件，则 p 是 r 的（　　）。

A. 充分而不必要条件　　B. 必要而不充分条件

C. 充要条件　　D. 既不充分也不必要条件

习　题

1. 举出满足下列要求的条件 p 和 q：

（1）p 是 q 的充分而不必要条件；

（2）p 是 q 的必要而不充分条件；

（3）p 是 q 的充要条件；

（4）p 是 q 的既不充分也不必要条件。

2. 下列各组条件中，p 是 q 的什么条件？

（1）p：$a=2$，q：$a>-1$；

（2）p：整数 a 能够被 5 整除，q：整数 a 的末位数字是 0 或 5；

（3）p：两个角相等，q：两个角是对顶角；

（4）p：$|x|=|y|$，q：$x^2=y^2$。

3. $x>5$ 是 $x>3$ 的（　　）。

A. 充分而不必要条件　　B. 必要而不充分条件

C. 充要条件　　D. 既不充分也不必要条件

4. 用“充分条件”“必要条件”或“充要条件”填空。

（1）$x=4$ 是 $x^2=16$ 的________；

（2）$b^2-4ac>0$ 是方程 $ax^2+bx+c=0$（$a\neq0$）有实根的________；

（3）$b=0$ 是直线 $y=kx+b$ 过原点的________；

（4）$a^2>4b$ 是方程 $x^2+ax+b=0$ 有实根的________；

（5）若 a，$b\in R$，则 $a^2+b^2=0$ 是 $a+b=0$ 的________。

回顾与小结

一、集合

1. 集合及其表示法

若把一些可以确定的对象看成一个整体，则这个整体叫作集合，集合中的每个对象叫作这个集合的一个元素。即如果 c 是集合 A 的元素，就说 c 属于 A，记作 $c\in A$；否则就说 c 不属于 A，记作 $c\notin A$。

集合中的元素应满足确定性、互异性、无序性三个要求。

不含任何元素的集合叫作空集，用符号 $\varnothing$ 表示。

常见数集有：自然数集 **N**，正整数集 $\mathbf{N}_+$，整数集 **Z**，有理数集 **Q**，实数集 **R**。

表示集合的方法通常有列举法与描述法两种。

2. 集合之间的关系

有的集合之间有包含关系，即 $B\subseteq A$（或者说，$A\supseteq B$），这时称 B 是 A 的子集，进一步，如果 A 中至少有一个元素不属于它的子集 B，则称 B 是 A 的真子集。

如果 $A\supseteq B$ 且 $B\supseteq A$，则称 A 与 B 相等，记作 $A=B$。

空集是任何集合的子集。

空集是任何非空集合的真子集。

3. 集合的运算

交集 $A\cap B=\{x|x\in A$ 且 $x\in B\}$；

并集 $A\cup B=\{x|x\in A$ 或 $x\in B\}$；

补集 $\complement_U A=\{x|x\in U$ 且 $x\notin A\}$，其中 U 是全集，A 是 U 的子集。

二、充要条件

1. 充分条件、必要条件

若命题“如果 p，那么 q”是正确的，即 $p\Rightarrow q$，那么我们就说 p 是 q 的充分条件，或 q 是 p 的必要条件。

2. 充要条件

若 p 既是 q 的充分条件，又是 q 的必要条件，我们就说 p 是 q 的充分必要条件，简称充要条件，也称 p 与 q 是等价的，或称 p 等价于 q，记作 $p\Leftrightarrow q$。

复习题

1. 用列举法表示下列集合：

(1) $\{x|-2<x<5$，x 为整数$\}$；

(2) $\{x|x^2-3x-4=0\}$；

(3) {平方等于 2 的数}；

(4) {绝对值等于 2 的数}。

2. 用另一种方法表示下列集合：

(1) $\{1, 3, 5, 7\}$；

(2) {与 3 相差 5 的数}；

(3) {平方后和本身相等的数}。

3. 指出集合 **N**、**Z**、**Q**、**R** 间的包含关系。

4. 写出集合 $\{-1, 0, 3\}$ 所有的子集和真子集。

5. 下列各题中所指的对象，能组成集合的是（　　）。

A. 非常接近 0 的数　　B. 电子技术应用专业学习好的同学

C. 大于 2 的自然数　　D. 特别大的数

6. 设集合 $M=\{-2, 0, 2\}$，$N=\{0\}$，则下列关系中正确的是（　　）。

A. N 为空集　　B. $N\in M$

C. $N\subsetneqq M$　　D. $M\subsetneqq N$

7. 下列关系中正确的是（　　）。

A. $a\subseteq\{a, b\}$　　B. $\{b\}\in\{a, b\}$

C. $\{a, b\}\subsetneqq\{a, b\}$　　D. $\{a, b\}\subseteq\{b, a\}$

8. 用列举法表示集合 $\{x\mid-9\leqslant x<-1$，且 x 为奇数$\}$，正确的是（　　）。

A. $\varnothing$　　B. $\{-9, -7, -5, -3\}$

C. $\{-9, -7, -5, -3, -1\}$　　D. $\{-7, -5, -3\}$

9. 用适当的符号（$\in$，$\notin$，$=$，$\subseteq$，$\subsetneqq$，$\supseteq$，$\supsetneqq$）填空。

(1) 1 ______ **N**；　　(2) $\sqrt{5}$ ______ **Q**；

(3) a ______ $\{a\}$；　　(4) $\{a\}$ ______ $\{a, b\}$；

(5) $\varnothing$______$\{a\}$；　　(6) $\varnothing$______$\{0\}$；

(7) $\{a, b, c\}$______$\{b, a, c\}$；

(8) $\{2, 3\}$______{小于 5 的正整数}。

10. 已知集合 A、B，求 $A\cap B$ 和 $A\cup B$，并在数轴上用对应的点集表示出来。

(1) $A=\{x|-2<x<2\}$，$B=\{x|-1<x\leqslant 4\}$；

(2) $A=\{x|x\leqslant 2\}$，$B=\{x|x\leqslant 4\}$。

11. 已知全集 $U=\{x|0<x\leqslant 8$，且 $x\in\mathbf{Z}\}$，集合 $A=\{2, 7, 8\}$，$B=\{3, 5, 6, 7\}$，求：

(1) $\complement_U A$ 与 $\complement_U B$；

(2) $A\cap \complement_U A)$ 与 $(\complement_U A)\cap B$。

12. 用“充分条件”“必要条件”或“充要条件”填空。

(1)“$x=y$”是“$x^2=y^2$”的__________。

(2)“$x>2$”是“$x>3$”的__________。

(3)“$x\in M\cap N$”是“$x\in M\cup N$”的__________。

(4)“两个三角形相似”是“两个三角形对应角相等”的__________。

13. 用列举法表示下列集合：

(1) $\{x|-2<x<4, x\in\mathbf{Z}\}$；

(2) $\{(x, y)|x+y=2, x\in\mathbf{N}, y\in\mathbf{N}\}$。

14. 用描述法表示下列集合：

(1) 由 2 和 3 的公倍数组成的集合；

(2) 直线 $y=2x-3$ 上的点组成的集合。

15. 满足 $\{1, 2\}\subseteq M\subseteq\{1, 2, 3, 4, 5\}$ 的集合 M 有多少个？请写出来。

16. 写出满足 $P\cup\{a, b\}=\{a, b, c\}$ 的所有集合 P。

17. 设全集为 $\mathbf{R}$，集合 $A=\{x|x<3\}$，集合 $B=\{x|x>-1\}$，求：

(1) $\complement_R A$，$\complement_R B$；　　(2) $\complement_R(A\cup B)$；

(3) $\complement_R(A\cap B)$；　　(4) $\complement_R A\cap\complement_R B$，$\complement_R A\cup\complement_R B$。

第3章 不 等 式

在现实世界和日常生活中，存在如大小、多少、轻重、快慢等许多不等关系。本章将要学习的不等式正是刻画不等关系的重要数学模型。

【本章学习目标】

学完本章内容，你将能够

◎熟练掌握不等式的基本性质

◎了解不等式解集的求法

◎熟悉区间的表示法

◎运用不等式知识解决简单的实际问题

3.1 不等式的性质

在前面的学习过程中，我们已经学习过实数的基本性质：对于任意两个实数 a 和 b，有

$$a-b>0 \Leftrightarrow a>b$$

$$a-b=0 \Leftrightarrow a=b$$

$$a-b<0 \Leftrightarrow a<b$$

从实数的基本性质我们可以得到下列不等式的基本性质。

性质1：如果 $a>b$，那么 $a \pm c>b \pm c$。

证明 因为 $a>b$

所以 $a-b>0$

又因为 $c-c=0$

所以 $(a-b)+(c-c)>0$

则 $(a+c)-(b+c)>0$

即 $a+c>b+c$。

同理可得： $a-c>b-c$

所以 $a \pm c>b \pm c$。

性质1表明，不等式的两边同时加上（或减去）同一个实数，不等号的方向不变。

问题解决

（1）如果 $a>b$，那么 $a-d$ ______ $b-d$；

（2）如果 $-a<-b$，那么 $a-b$ ______ 0。

性质 2：如果 $a>b$，$c>0$，那么 $ac>bc$；如果 $a>b$，$c<0$，那么 $ac<bc$。

证明　因为 $a>b$

所以 $a-b>0$

当 $c>0$ 时，$(a-b)c>0$

即 $ac-bc>0$

所以 $ac>bc$。

当 $c<0$ 时，$(a-b)c<0$

即 $ac-bc<0$

所以 $ac<bc$。

不等式的性质

3.1　不等式的性质

性质 2 表明，不等式两边乘以同一个正数，不等号的方向不变；不等式两边乘以同一个负数，不等号的方向要改变。

那么，不等式是否还有其他性质呢？

思考交流

甲、乙、丙三位同学体检量身高，如果甲同学比乙同学高，乙同学比丙同学高，那么可以得到什么结论？

性质 3：（传递性）如果 $a>b$，$b>c$，那么 $a>c$。

证明　因为 $a>b$，$b>c$

所以 $a-b>0$，$b-c>0$

即 $(a-b)+(b-c)>0$

则 $a-c>0$

所以 $a>c$。

练　习

1. 证明：若 $e>f$，$g>h$，则 $e+g>f+h$。
2. 证明：若 $e>f>0$，$g>h>0$，则 $eg>fh$。

习　题

1. 判断下列各结论是否正确，并说出理由。

(1) 如果 $a>b$，那么 $a-m>b-m$；　　（　　）

(2) 如果 $a>b$，那么 $ah>bh$；　　（　　）

(3) 如果 $a>b$，那么 $-\frac{1}{a}<-\frac{1}{b}$；　　（　　）

(4) 如果 $a>b$，那么 $a^2>b^2$。　　（　　）

2. 用“>”或“<”填空。

(1) $a<b$ 时，$a+5$ ______ $b+7$；

(2) $a>0$ 时，$-8a$ ______ $-6a$；

(3) $a<b<0$ 时，$-8a$ ______ $-8b$；

(4) $b>a>0$ 时，$5a$ ______ $5b$；

(5) $a>b>0$ 时，$-\frac{1}{a}$ ______ $-\frac{1}{b}$。

3. 证明：

(1) 如果 $a>b$，c 是任意实数，则 $a-c^2>b-c^2$。

(2) 如果 $a>b$，那么 $c-a<c-b$。

3.2　不等式的解集与区间

前面我们已经学习过一元一次不等式和一元一次不等式组，在解不等式的过程中，能使不等式成立的未知数的全体取值所组成的集合，叫作不等式的解集。一般可用集合的描述法表示。

例如，不等式 $x-3<0$ 的解集可表示为：$\{x|x<3\}$。除了用集合的描述法表示不等式的解集，还可用区间表示。下面我们来学习区间的概念。

一般地，区间是指一定范围内的所有实数所构成的集合，也就是数轴上某一“段”所有的点所对应的所有实数。

常见的几种区间为：

1. 闭区间：满足不等式 $a\leqslant x\leqslant b$ 的所有实数集合，叫作由 a 到 b 的闭区间，记作 $[a, b]$，如图 3-2-1 所示，也可用 $\{x|a\leqslant x\leqslant b\}$ 的集合表示。

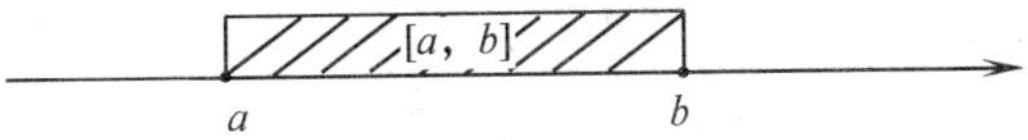

图 3-2-1

例如，不小于 4 且不大于 10 的所有实数就构成了一个闭区间，在数轴上它们就是“由 4 到 10 的范围内所有的点及 4 和 10 两个端点”所对应的实数，记作[4，10]。

2. 开区间：满足不等式 $a<x<b$，的所有实数集合，叫作由 a 到 b 的开区间，记作 (a, b)，如图 3-2-2 所示，也可用 $\{x \mid a<x<b\}$ 的集合表示。

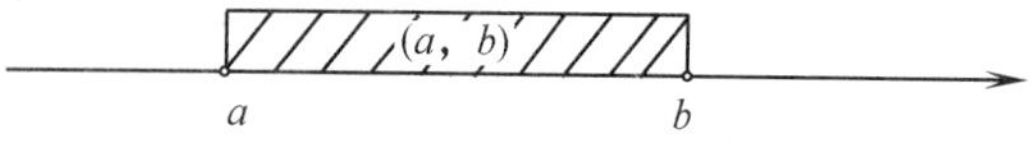

图 3-2-2

例如，大于 4 且小于 10 的所有实数就构成了一个开区间，在数轴上它们就是“由 4 到 10 的范围内所有的点”所对应的实数，记作（4，10）。

3. 半开半闭区间：满足不等式 $a\leqslant x<b$ 或 $a<x\leqslant b$ 的所有实数集合，都叫作由 a 到 b 的半开半闭区间，分别记作 $[a, b)$ 或 $(a, b]$，如图 3-2-3 和图 3-2-4 所示，也可用 $\{x \mid a\leqslant x<b\}$ 或 $\{x \mid a<x\leqslant b\}$ 表示。

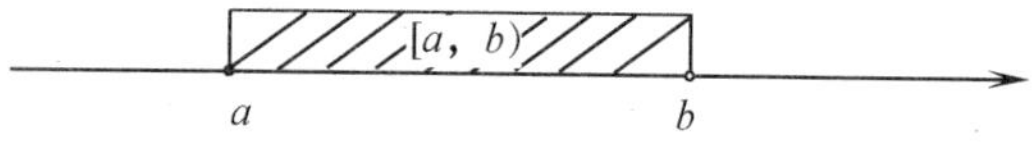

图 3-2-3

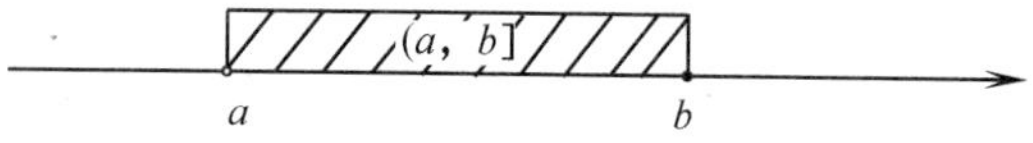

图 3-2-4

其中，$[a, b)$ 又叫作左闭右开区间，而 $(a, b]$ 叫作左开右闭区间。

例如，不小于 4 且小于 10 的所有实数就构成了一个半开半闭区间，在数轴上它们就是“由 4 到 10 的范围内所有的点及 4 这个端点”所对应的实数，记作 [4，10)。而大于 4 且不大于 10 的所有实数也构成了一个半开半闭区间，在数轴上它们就是“由 4 到 10 的范围内所有的点及 10 这个端点”所对应的实数，记作（4，10]。

思考交流

结合区间的概念思考，实数集 **R** 可用区间表示吗?

在表示实数集 **R** 之前，我们先来学习一个符号“∞”，读作“无穷大”；符号“$+\infty$”读作“正无穷大”；符号“$-\infty$”读作“负无穷大”。

那么，实数集 **R** 可用区间表示为 $(-\infty, +\infty)$，例如：

（1）满足 $x\geqslant a$ 的所有实数，可记为 $[a, +\infty)$，如图 3-2-5 所示。

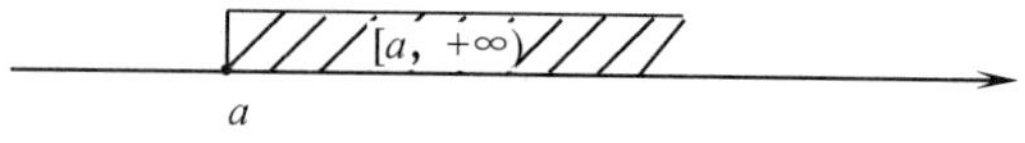

图 3-2-5

（2）满足 $x>a$ 的所有实数，可记为（a，$+\infty$），如图 3-2-6 所示。

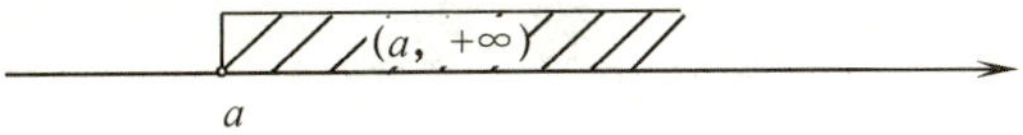

图 3-2-6

（3）满足 $x\leqslant b$ 的所有实数，可记为（$-\infty$，b]，如图 3-2-7 所示。

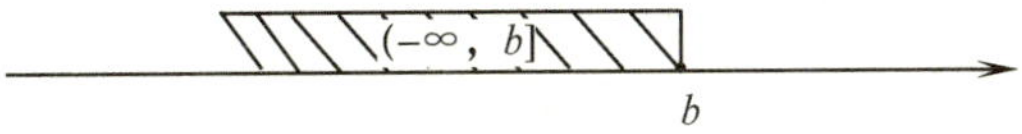

图 3-2-7

（4）满足 $x<b$ 的所有实数，可记为（$-\infty$，b），如图 3-2-8 所示。

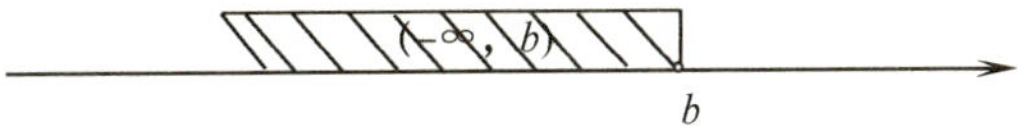

图 3-2-8

其中，在区间表示里，如果出现了∞符号，则对应的区间又称为无限区间。

例 1　用区间表示下列不等式的解集：

（1）$-3\leqslant x\leqslant 3$；　　（2）$x<5$；　　（3）$x\geqslant -4$。

解（1）$[-3, 3]$；　　（2）$(-\infty, 5)$；　　（3）$[-4, +\infty)$。

例 2　用集合表示下列区间：

（1）$[-3, 2)$；　　（2）$(-\infty, 1]$；　　（3）$(4, +\infty)$。

解（1）$\{x \mid -3\leqslant x<2\}$；

（2）$\{x \mid x\leqslant 1\}$；

（3）$\{x \mid x>4\}$。

例 3　在数轴上表示集合 $\{x \mid x<-2$ 或 $x\geqslant 3\}$，再用区间的形式将它表示出来。

解　如下所示，如图 3-2-9 所示。

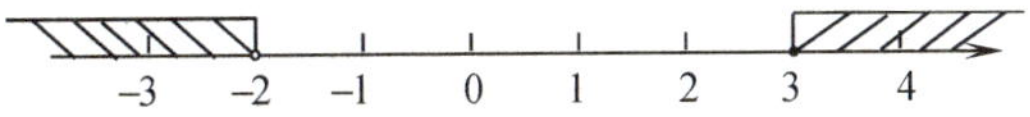

图 3-2-9

$\{x \mid x<-2$ 或 $x\geqslant 3\}$ 还可表示为：$(-\infty, -2)\cup[3, +\infty)$。

问题解决

已知集合 $M=[0, a]$，$N=[0, 4]$，如果 $M\supseteq N$，求实数 a 所在的区间。

问题解决

3.2　问题解决

练　习

1. 用区间表示下列不等式的解集：

(1) $3 \leqslant x \leqslant 4$；　　(2) $x \geqslant -2$；　　(3) $0 \leqslant x < 2$。

2. 用集合的描述法表示下列区间。

(1) $(-2, 0)$；　　(2) $(-3, -1)$；　　(3) $[7, +\infty)$。

习　题

1. 写出下列不等式所对应的区间：

(1) $-1 < x < 1$；　　(2) $-3 < x \leqslant 3$；　　(3) $x < -3$。

2. 用集合的描述法表示下列区间：

(1) $(-\infty, -2)$；　　(2) $(-\infty, +5]$；

(3) $(-1, +\infty)$；　　(4) $(-\infty, +\infty)$。

3.3　一元二次不等式

3.3.1　一元二次不等式的解法

一般地，含有一个未知数，并且未知数的最高次数是二次的不等式叫作一元二次不等式，它的一般形式是 $ax^2+bx+c>0$ ($\geqslant 0$) 或 $ax^2+bx+c<0$ ($\leqslant 0$)，其中 $a \neq 0$。满足一元二次不等式的未知数的取值范围，叫作不等式的解集。

定义

3.3.1　一元二次不等式

问题解决

一元二次不等式 $ax^2+bx+c>0$ ($\geqslant 0$) 应该如何解呢？

为了掌握解一元二次不等式的方法，下面我们通过例子来具体学习。

例 1　解不等式：

(1) $2x^2-3x-5>0$；　　(2) $2x^2-3x-5<0$。

分析：方程 $2x^2-3x-5=0$ 的判别式 $\Delta=(-3)^2-4\times 2\times(-5)=49>0$

又由 $2x^2-3x-5=0$ 变形得 $(x+1)(2x-5)=0$，即可求出它的两个根为：

$$x_1=-1, \quad x_2=\frac{5}{2}$$

在数轴上标出 x_1 与 x_2 的值，如图 3-3-1 所示。

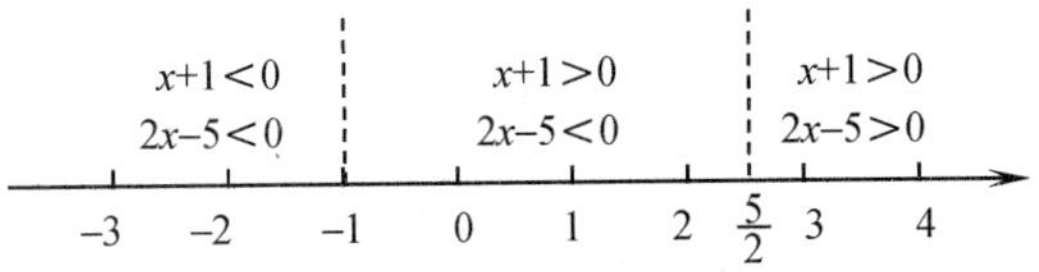

图 3-3-1

可以看出，数轴被 $x_1=-1$，$x_2=\frac{5}{2}$ 分为三个区间：$(-\infty, -1)$，$\left(-1, \frac{5}{2}\right)$，$\left(\frac{5}{2}, +\infty\right)$。

为了解此不等式，我们分别在不同的区间上进行讨论：

（1）在区间 $(-\infty, -1)$ 内，$x+1$ 和 $2x-5$ 的值都为负；

（2）在区间 $\left(-1, \frac{5}{2}\right)$ 内，$x+1$ 为正，$2x-5$ 为负；

（3）在区间 $\left(\frac{5}{2}, +\infty\right)$ 内，$x+1$ 为正，$2x-5$ 为正。

根据实数乘法符号法则，容易得到：

$2x^2-3x-5=(x+1)(2x-5)>0$ 的解集为：$(-\infty, -1)\cup\left(\frac{5}{2}, +\infty\right)$

$2x^2-3x-5=(x+1)(2x-5)<0$ 的解集为：$\left(-1, \frac{5}{2}\right)$

解　因为方程 $2x^2-3x-5=0$ 的两个根是：

$$x_1=-1，x_2=\frac{5}{2}$$

所以不等式 $2x^2-3x-5>0$ 的解集为

$$(-\infty, -1)\cup\left(\frac{5}{2}, +\infty\right)$$

所以不等式 $2x^2-3x-5<0$ 的解集为

$$\left(-1, \frac{5}{2}\right)$$

注：上述解不等式的方法，通常叫作区间分析法。

例 2　解不等式：

（1）$x^2-3x+3>0$；　　（2）$x^2-3x+3<0$。

分析：方程 $x^2-3x+3=0$ 的判别式 $\Delta=(-3)^2-4\times1\times3=-3<0$

所以该方程没有实数根。

即 $x^2-3x+3=\left(x-\frac{3}{2}\right)^2+\frac{3}{4}>0$ 的解集为：$\mathbf{R}$；

$x^2-3x+3=\left(x-\frac{3}{2}\right)^2+\frac{3}{4}<0$ 的解集为：$\varnothing$。

解　（1）不等式 $x^2-2x+3>0$ 的解集为实数集 $\mathbf{R}$；

（2）不等式 $x^2-2x+3<0$ 无解，即解集为 $\varnothing$。

思考交流

（1）不等式 $x^2-3x+3\geqslant 0$ 的解集是什么？

（2）不等式 $x^2-3x+3\leqslant 0$ 的解集是什么？

例 3　解不等式：

（1）$x^2-4x+4>0$；　　　　（2）$x^2-4x+4<0$。

分析：方程 $x^2-4x+4=0$ 的判别式为 $\Delta=(-4)^2-4\times 1\times 4=0$，该方程有两个相等的实根 $x_1=x_2=2$。

而 $x^2-4x+4=(x-2)^2\geqslant 0$，所以不等式 $x^2-4x+4>0$ 的解集应是 $x\neq 2$ 的所有实数集，不等式 $x^2-4x+4<0$ 的解集为$\varnothing$。

解　（1）不等式 $x^2-4x+4>0$ 的解集为 $(-\infty, 2)\cup(2, +\infty)$；

（2）不等式 $x^2-4x+4<0$ 的解集为$\varnothing$。

思考交流

（1）不等式 $x^2-4x+4\geqslant 0$ 的解集是什么？

（2）不等式 $x^2-4x+4\leqslant 0$ 的解集是什么？

综合上面的三个例子，一般有下面的三种情况：

1. 若方程 $ax^2+bx+c>0$（$a>0$）的根的判别式 $\Delta>0$，则有两个不等的实数根 x_1，x_2（$x_1<x_2$），这时

不等式 $ax^2+bx+c>0$ 的解集是 $(-\infty, x_1)\cup(x_2, +\infty)$；

不等式 $ax^2+bx+c<0$ 的解集是 (x_1, x_2)。

2. 若方程 $ax^2+bx+c=0$（$a>0$）的根的判别式 $\Delta<0$，则该方程无实数根。

不等式 $ax^2+bx+c>0$ 的解集为 $\mathbf{R}$，

不等式 $ax^2+bx+c<0$ 的解集为$\varnothing$。

3. 若方程 $ax^2+bx+c=0$（$a>0$）的根的判别式 $\Delta=0$，则该方程有两个相等的实数根 $x_1=x_2=-\dfrac{b}{2a}$，这时

不等式 $ax^2+bx+c>0$ 的解集是 $\left(-\infty, -\dfrac{b}{2a}\right)\cup\left(-\dfrac{b}{2a}, +\infty\right)$；

不等式 $ax^2+bx+c<0$ 的解集为$\varnothing$。

问题解决

用一根长 10m 的绳子，能围成面积大于 6m^2 的矩形吗？能围成面积大于 7m^2 的矩形吗？

问题解决

3.3.1　问题解决

练　习

1. 求下列不等式的解集：

(1) $x^2+4x+5<0$；　　(2) $x^2+4x+5>0$。

2. 自变量 x 分别在什么范围内取值时，下列函数值大于0、等于0、小于0？

(1) $y=25-x^2$；　　(2) $y=x^2+6x+10$。

3.3.2　一元二次不等式的应用

在许多问题中，需要设未知数，列不等式求解，下面举例说明。

例1　实数 m 在什么范围内取值时，一元二次方程 $x^2+(m-1)x+m=0$ 有实数解？

解　一元二次方程有实数解，必须使得 $\Delta\geqslant0$。

由 $\Delta=b^2-4ac=(m-1)^2-4m\geqslant0$，得

$$m^2-6m+1\geqslant0$$

方程 $m^2-6m+1=0$ 的解为

$$m_1=3+2\sqrt{2},\ m_2=3-2\sqrt{2}$$

从而有

$$m\leqslant3-2\sqrt{2} \text{ 或 } m\geqslant3+2\sqrt{2}$$

所以，当 $m\leqslant3-2\sqrt{2}$ 或 $m\geqslant3+2\sqrt{2}$ 时，方程 $x^2+(m-1)x+m=0$ 有实数解。

例2　要建造一个矩形的活动场，要求矩形的长比宽多10m，且面积不小于600m²，矩形的宽至少应当是多少m？

解　设矩形的宽为 xm，根据题意有

$$x(x+10)\geqslant600$$

即 $x^2+10x-600\geqslant0$。

解此不等式，得

$$x\leqslant-30\text{（舍去）或 }x\geqslant20。$$

答：矩形的宽至少应当是20m。

例3　某产品的总成本 C（元）与产量 x（件）之间有函数关系式：$C=3000+20x-0.1x^2$，若每件产品售价25元，试求使生产者不亏本（即销售收入不小于总成本）时的最低产量。

解　依题意，销售收入为 $25x$，于是有

$$25x\geqslant3000+20x-0.1x^2$$

整理得 $x^2+50x-30000\geqslant0$

解此不等式，得

$$x\leqslant-200\text{（舍去）或 }x\geqslant150。$$

答：使生产者不亏本的最低产量为150件。

练　习

1. 一个工作台长 3m，宽 2m，要做一块台布，使它的面积是台面积的两倍以上，并且从台子四边垂下的长度相等，问垂下的长度至少要多少米？

2. 某杂志若以每本 2.5 元的价格出售，可以发行 8 万本；如果每本价格提高 0.1 元，发行量就减少 2000 本，要使总收入不低于 20 万元，那么杂志最高定价为多少元？

习　题

1. 求下列不等式的解集：

(1) $x^2-8x+16>0$；

(2) $x^2-8x+16<0$；

(3) $-x^2+6x-5<0$。

2. 某工厂生产一种产品，每月固定成本是 12 万元，每件产品的变动成本是 20 元，而单价是 50 元，若每月要求获得最低利润是 2 万元，问每月需要销售多少件该种产品？

3. 某种商品的销售量 x（件）与它的销售单价 P（元）之间的关系是 $P=275-3x$，与总成本 C 之间的关系是 $C=500+5x$，问每月要获得 5500 元利润，至少要销售多少件商品？

3.4　含绝对值的不等式

在学习含绝对值的不等式之前，我们先来回顾一下绝对值的几何意义。即 $|a|$ 的几何意义是数轴上表示实数 a 的点到原点的距离。

探究

不等式 $|x|<1$ 与 $|x|>1$ 的解集在数轴上怎样表示？

一般地，不等式 $|x|<a$ $(a>0)$ 的解集是 $(-a, a)$；不等式 $|x|>a$ $(a>0)$ 的解集是 $(-\infty, -a)\cup(a, +\infty)$。

例 1　解下列不等式：

(1) $|x|>3$；　　(2) $|x|<3$。

解 (1) 将不等式 $|x|>3$ 两边平方，得

$$x^2>9$$

即 $x^2-9>0$，

则 $(x-3)(x+3)>0$。

它的解集为 $(-\infty, -3)\cup(3, +\infty)$。

不等式 $|x|>3$ 的解集是 $(-\infty, -3)\cup(3, +\infty)$。

（2）将不等式$|x|<3$两边平方，得

$$x^2<9$$

即$x^2-9<0$，

则$(x-3)(x+3)<0$

它的解集为$(-3, 3)$

不等式$|x|<3$的解集是$(-3, 3)$。

例 2　解下列不等式：

（1）$|x-1|<2$；　（2）$|2x+1|\geqslant 3$；　（3）$|1-2x|<5$。

解（1）由$|x-1|<2$，得

$$-2<x-1<2$$

即$-1<x<3$。

该不等式的解集为：$(-1, 3)$。

（2）由$|2x+1|\geqslant 3$，得

$2x+1\leqslant -3$ 或 $2x+1\geqslant 3$

即$x\leqslant -2$　或　$x\geqslant 1$。

该不等式的解集为：$(-\infty, -2]\cup[1, +\infty)$。

（3）由$|1-2x|<5$，得

$$-5<1-2x<5$$

即$-6<-2x<4$，

则$-2<x<3$。

该不等式的解集为：$(-2, 3)$。

练　习

1. 填空题：

（1）$|x|<2$的解集是__________；　（2）$|x|>2$的解集是__________；

（3）$|x|\geqslant\frac{1}{3}$的解集是__________；　（4）$|x|\leqslant\frac{1}{3}$的解集是__________。

2. 解下列不等式：

（1）$|x+1|<2$；　（2）$|x+3|>3$；

（3）$|2x+1|<2$；　（4）$|2x-1|>3$。

习　题

1. 解下列不等式，用集合和区间两种形式表示解集：

（1）$x^2-x-2>0$；　（2）$x^2-5x-24<0$；

（3）$x^2-5x+6>0$；　（4）$3x^2-2x+4>0$；

（5）$4x^2-12x+9>0$；　（6）$4x^2-2x+8<0$；

(7) $x^2-8x-15<0$；

(8) $2x^2-x-3\geqslant 0$。

2. 解下列不等式：

(1) $|x|\geqslant 4$；

(2) $\left|\frac{1}{2}x\right|<6$；

(3) $|x-3|<7$；

(4) $|3x-2|>3$；

(5) $|3x-2|<1$；

(6) $-|x+2|>-1$。

回顾与小结

本章节主要学习了不等式的性质，不等式的解集与区间，一元二次不等式与含绝对值的不等式。

一、不等式的性质

1. 如果 $a>b$，那么 $a\pm c>b\pm c$。

2. 如果 $a>b$，$c>0$，那么 $ac>bc$；如果 $a>b$，$c<0$，那么 $ac<bc$。

3. 如果 $a>b$，$b>c$，那么 $a>c$。

二、区间

1. 闭区间：$a\leqslant x\leqslant b$ 表示成：$[a, b]$。

2. 开区间：$a<x<b$ 表示成：(a, b)。

3. 左闭右开区间：$a\leqslant x<b$ 表示成：$[a, b)$。

4. 左开右闭区间：$a<x\leqslant b$ 表示成：$(a, b]$。

5. 半开半闭区间：区间 $[a, b)$ 或 $(a, b]$ 统称为半开半闭区间。

6. 有限区间：在区间表示里，如果未出现∞符号，则对应的区间又称为有限区间。

7. 无限区间：在区间表示里，如果出现了∞符号，则对应的区间又称为无限区间。

三、一元二次不等式的解法

1. 若方程 $ax^2+bx+c=0$ $(a>0)$ 的两根是 x_1，x_2 $(x_1<x_2)$，则 $ax^2+bx+c>0$ $(a>0)$ 的解集是 $\{x|x<x_1$ 或 $x>x_2\}$；$ax^2+bx+c<0$ $(a>0)$ 的解集是$\{x|x_1<x<x_2\}$。

2. 若方程 $ax^2+bx+c=0$ $(a>0)$ 的两根是 $x_1=x_2=-\frac{b}{2a}$，则 $ax^2+bx+c>0$ $(a>0)$ 的解集是$\left\{x\,\middle|\,x\neq-\frac{b}{2a}\text{且}\,x\in\mathbf{R}\right\}$；$ax^2+bx+c<0$ $(a>0)$ 的解集是$\varnothing$。

3. 若方程 $ax^2+bx+c=0$ $(a>0)$ 无实根，则 $ax^2+bx+c>0$ $(a>0)$ 的解集是实数集 $\mathbf{R}$；$ax^2+bx+c<0$ $(a>0)$ 的解集是$\varnothing$。

四、含绝对值的一元一次不等式的解法

1. $|x|<a$ $(a>0)$ $\Leftrightarrow -a<x<a$。

2. $|x|>a$ $(a>0)$ $\Leftrightarrow x<-a$ 或 $x>a$。

复习题

1. 填空题：

(1) $\frac{2}{3}$与$\frac{5}{6}$中较大的数是________；

(2) $-\frac{6}{15}$与$-\frac{11}{21}$中较大的数是________；

(3) $|x| \geqslant \frac{4}{5}$的解集是________；

(4) $x < \frac{3}{7}$的解集是________；

(5) $x^2-2x \geqslant 0$ 的解集是________；

(6) $x^2 < 16$ 的解集是________。

2. 若 $a>1$，则下列不等式中成立的是（　　）。

A. $a+1>1$　　B. $a-1<0$

C. $a-3>1$　　D. $a-5<-1$

3. $a>b$，$c>d$，则（　　）。

A. $a-c>b-d$　　B. $a+c>b+d$

C. $\frac{a}{c}>\frac{b}{d}$　　D. $ac>bd$

4. 不等式 $x^2-3x-10>0$ 的解集是（　　）。

A. $[-2, 5]$　　B. $\varnothing$

C. $(-\infty, -2) \cup (5, +\infty)$　　D. $\mathbf{R}$

5. 设集合 $M=\{x|x+1>0\}$，$N=\{x|-2x+3>0\}$，则 $M \cap N$ 是（　　）。

A. $\{x|x>1\}$　　B. $\left\{x\middle|x<\frac{3}{2}\right\}$

C. $\left\{x\middle|-1<x<\frac{3}{2}\right\}$　　D. $\varnothing$

6. 不等式$|x-4|<7$ 的解集是（　　）。

A. $(-\infty, 3)$　　B. $(-\infty, -3) \cup (11, +\infty)$

C. $(11, +\infty)$　　D. $(-3, 11)$

7. 不等式 $x^2-2x-3 \leqslant 0$ 的解集是（　　）。

A. $\{x|x \in \mathbf{R}$ 且 $x \neq 3, x \neq -1\}$　　B. $\{x|x<-3$ 或 $x>1\}$

C. $\{x|-1 \leqslant x \leqslant 3\}$　　D. $\{x|x \leqslant -3$或 $x \geqslant 1\}$

8. 解下列不等式，用集合与区间两种形式表示解集：

(1) $x^2-7x-8 \leqslant 0$；　　(2) $x^2-x-12>0$；

(3) $2x^2-3x+1>0$；　　(4) $2x^2-5x+3<0$；

(5) $-x^2-2x+24<0$；　　(6) $-9x^2+24x-16 \geqslant 0$；

(7) $x^2+2x+7<0$；　(8) $-\frac{1}{3}x^2-4x-12<0$。

9. 解下列不等式：

(1) $|x-2|\leqslant 3$；　(2) $|x-5|>4$；

(3) $|x-2|\geqslant 3$；　(4) $|3-2x|\leqslant 5$。

10. 已知不等式$|x-2|\leqslant 1$；与不等式$ax^2+bx-2\leqslant 0$有相同的解集，求实数a、b的值。

11. 写出一个一元二次不等式，使得该不等式的解集为$(-3, 3)$。

12. 试写出一个一元二次不等式，使得它的解集为$(-\infty, -1)\cup(3, -\infty)$。

13. 已知关于x的不等式$(m-3)x^2+mx+m-2<0$的解集为$\mathbf{R}$，求实数m的取值范围。

第 4 章　函　　数

函数关系渗透在我们日常生活的各个方面，人们需要根据这些函数关系对衣食住行等进行决策。本章将借助生活中的函数关系介绍函数的一些基本性质，通过展示上网、旅游、购物、销售等活动中的函数实例，介绍运用函数思想解决问题的方法。

【本章学习目标】

学完本章内容，你将能够

◎发现身边的函数关系

◎用不同的方法表示函数关系

◎理解函数的基本性质

◎用函数解决一些实际问题

4.1　函数的概念

4.1.1　生活中的函数关系

现实生活中存在着大量的变化现象。初中阶段的数学知识告诉我们，函数就是研究变化规律的有效数学模型。下面我们将进一步学习函数的相关知识。

探究

图 4-1-1 是贵阳市一天的气温变化图。

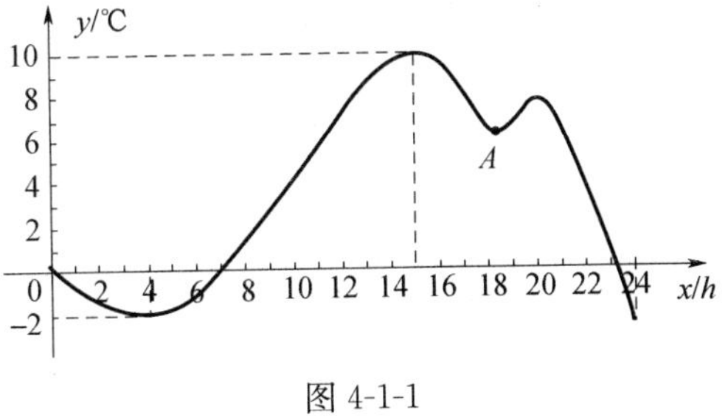

图 4-1-1

（1）上午 8 时的气温是多少？图中的 A 点表示了什么信息？

（2）请指出这一天气温相同的两对时间点。

（3）这一天的最高气温是多少？最低气温是多少？分别在几时？

（4）图 4-1-1 表示了该城市什么时间段的气温变化情况？这一天的温差是多少？气温从最低上升到最高经历了多长时间？

（5）哪些时间段内气温在上升？哪些时间段内气温在下降？

图 4-1-1 表示了贵阳市一天的气温变化过程。在这个变化过程中，随着时间的变化，气温也在变化，且在每一个时间点都有一个特定的气温。这里，气温 y 与时间变量 x 就形成了一个函数关系。

思考交流

生活中有很多类似的函数关系，请你举出几个例子，并模仿上面的例子，设计几个问题与同伴交流。

问题解决

下面是几个常见的函数关系，请你说明在每一个函数关系中，变量分别是什么，哪一个变量随着另一个变量的变化而变化。

（1）某种茶杯每个 5 元，买 x 个用去 y 元，则 $y=5x$，$x\in\{1, 2, 3, \cdots\}$。y 与 x 之间的变化关系如图 4-1-2 所示。

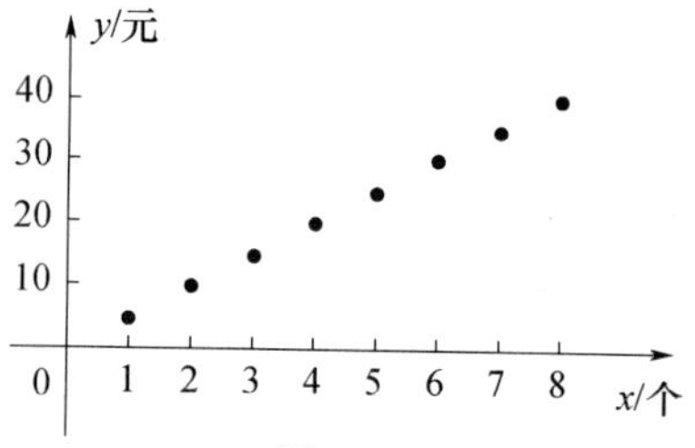

图 4-1-2

（2）为了解青春期男生的身高变化情况，一家健康机构随机选择了一批男生做调查，图 4-1-3 是根据调查结果绘制的图形。

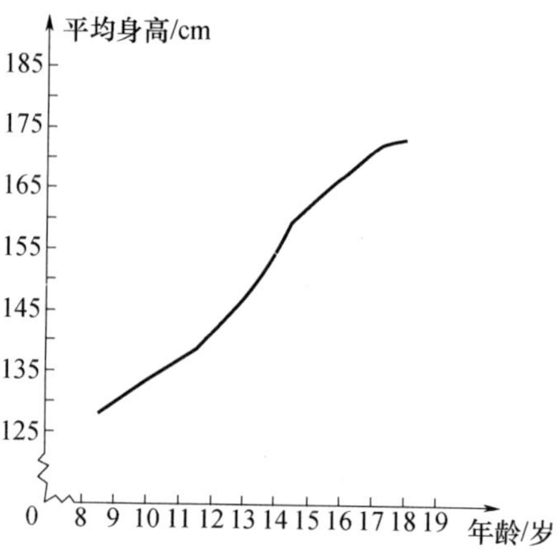

图 4-1-3

(3) 周长为 20m 的长方形的一边长为 x（m），面积为 y（m^2）。

则 $y=x(10-x)$，$0<x<10$。

练　习

你能举出一些生活中常见的函数关系的实例吗?

4.1.2　函数基本概念

在初中阶段我们学习过函数的概念：如果在一个变化的过程中有两个变量 x 和 y，并且对于变量 x 的每一个值，变量 y 都有唯一确定的值与它一一对应，那么我们就称 y 是 x 的函数，其中 x 叫作自变量，y 叫作因变量。

探究

考查前面“问题解决”中的三个函数关系，回答下列问题：

(1) 各个函数关系中自变量的取值的集合分别是什么？其中有空集吗?

(2) 各个函数关系中对自变量的每一个取值，按什么规则找到唯一的因变量与之对应?

函数的概念

4.1　函数的概念

为了研究方便，我们应用集合语言给出函数的概念：

设 A 是一个非空数集，如果对于集合 A 内任意一个数 x，按照某个确定的法则 f，有唯一确定的数 y 与它相对应，那么这种对应关系 f 就称为集合 A 上的函数，记作 $y=f(x)$。

其中 x 为自变量，y 是因变量。

函数 $y=f(x)$ 也可以简记为 $f(x)$。函数 $y=f(x)$ 在 $x=a$ 时的函数值记作 $f(a)$。

例 1　指出下列每个函数的自变量、因变量。

(1) 正方形的面积 S 可以看作是边长 a 的函数 $S=f(a)=a^2$。

(2) 圆的周长 C 可以看作是半径 r 的函数 $C=2\pi r$。

解　(1) 自变量是边长 a，因变量是面积 S。

(2) 自变量是半径 r，因变量是周长 C。

例 2　已知 $f(x)=2x-1$，求 $f(-1)$，$f(0)$，$f(1)$，$f(a)$。

解　$f(-1)=2\times(-1)-1=-3$；

$f(0)=2\times0-1=-1$；

$f(1)=2\times1-1=1$；

$f(a)=2a-1$。

例 3　已知 $f(x)=x+1$，求 $f[f(a)]$。

解　$f[f(a)]=f(a+1)=(a+1)+1=a+2$。

练　习

1. 模仿例 1，举几个具体的函数，分别指出它们的自变量、因变量，并取若干特定的自变量值，求出与之相对应的函数值。

2. 已知 $f(x)=2x+1$，求 $f(-1)$，$f(0)$，$f(1)$，$f(a)$。

3. 已知 $f(x)=3x-1$，求 $f[f(a)]$。

探究

一根弹簧的自然长度是 5cm，在弹性限度内最多能挂 9kg 的物体，而且所挂物体的质量 x（kg）每增加 1kg，弹簧长度 y（cm）就增加 0.5cm。

（1）当所挂物体的质量 x（kg）分别为 1kg、2kg、3kg、4kg 时，弹簧长度 y 分别是多少？

（2）请你写出 y 与 x 之间的函数关系式。

（3）x 能够取哪些值？y 能够取哪些值？

在函数 $y=f(x)$ 中，自变量 x 的取值集合叫作函数的定义域，因变量 y 的取值集合叫作函数的值域。

对于用解析式表示的函数，如果不做特别说明，我们约定：其定义域就是使解析式有意义的所有的实数组成的集合。

函数的定义域

4.1　函数的定义域

例 4　求下列函数的定义域：

（1）$f(x)=\dfrac{1}{x-2}$；

（2）$f(x)=\sqrt{x+3}$；

（3）$f(x)=\dfrac{\sqrt{x+3}}{x-2}$；

（4）$f(x)=\dfrac{1}{\sqrt{x^2-3x+2}}$。

分析：求函数的定义域就是要使该函数有意义。

解　（1）因为 $x-2\neq 0$，即 $x\neq 2$ 时函数有意义，所以，函数 $f(x)=\dfrac{1}{x-2}$ 的定义域为 $\{x\mid x\in\mathbf{R}且x\neq 2\}$（注：分式里面分母不能为零）。

（2）因为 $x+3\geqslant 0$，即 $x\geqslant -3$ 时函数有意义，所以，函数 $f(x)=\sqrt{x+3}$ 的定义域为 $\{x\mid x\geqslant -3\}$（注：平方根里面被开方数一定大于等于零）。

（3）因为 $\begin{cases}x+3\geqslant 0\\ x-2\neq 0\end{cases}$，即 $\begin{cases}x\geqslant -3\\ x\neq 2\end{cases}$ 时函数有意义，所以，函数 $f(x)=\dfrac{\sqrt{x+3}}{x-2}$ 的定义域是 $\{x\mid x\geqslant -3且x\neq 2\}$（注：分式里面分母不能为零，平方根里面被开方数一定大于等于零）。

（4）因为 $x^2-3x+2>0$ 时函数有意义，即 $(x-1)(x-2)>0$，得 $x<1$ 或 $x>2$，

所以，函数 $f(x)=\frac{1}{\sqrt{x^2-3x+2}}$ 的定义域是 $\{x|x<1 或 x>2\}$（注：分式里面分母不能为零，平方根里面被开方数一定大于等于零）。

练　习

求下列函数的定义域：

(1) $f(x)=x+3$；

(2) $f(x)=\frac{2}{x-1}-2x$；

(3) $f(x)=\sqrt{x-1}$。

习　题

1. 一盘蚊香长 100cm，点燃后每小时缩短 10cm，蚊香的长度是燃烧时间的函数。这里的变量分别是什么？哪一个变量随着另一个变量的变化而变化？

2. 求下列函数的定义域：

(1) $f(x)=\frac{1}{x-5}$；

(2) $f(x)=\sqrt{x+3}+\sqrt{x-1}$；

(3) $f(x)=\frac{1}{\sqrt{x-5}}$；

(4) $f(x)=\sqrt{x^2-4x+9}$。

3. 已知 $f(x)=5x-2$，且 $x\in\{3,6,9\}$，求这个函数的值域。

4. 一台拖拉机的油箱中能储油 42L，使用时每小时消耗 6L，试列出油箱中剩余油量 h 与使用时间 t 之间的函数关系式，并指出它的定义域。

5. 某公司有挖掘机 8 台，每台售价为 12 万元，求售出台数与收款总数的函数关系和值域。

4.2　函数的表示法

函数的表示法有三种：列表法、解析法、图像法。

4.2.1　列表法

探究

天气温度通常随着时间的变化而升高或降低。贵阳天气凉爽舒适，进入 6 月最高气温难超 30℃。表 4-2-1 给出了贵阳市 2018 年 6 月份每天最高与最低气温的记录数据。

表 4-2-1

日期		1	2	3	4	5	6	7	8	9	10	11	12	13	14	15
气温/℃	高	17	20	24	21	23	26	26	29	28	25	23	24	24	25	24
	低	14	15	16	15	12	15	15	18	19	18	18	18	18	18	18
日期		16	17	18	19	20	21	22	23	24	25	26	27	28	29	30
气温/℃	高	27	27	27	25	26	25	24	26	25	25	27	28	28	28	28
	低	20	21	21	21	20	20	20	21	21	20	20	20	21	22	22

根据上表提供的数据回答下列问题：

(1) 贵阳市 2018 年 6 月份最高气温是多少？有几天？最低气温是多少？有几天？

(2) 贵阳市 2018 年 6 月份最高气温相同的天数最多的有几天？最低气温相同的天数最多的有几天？

(3) 指出这个月气温的变化范围和平均最高气温（精确到 0.01℃）。

列表法是用表格的形式来表示两个变量的函数关系的方法。

注：列表法可以直观、明了地表示变量之间的对应关系，不需要借助计算就可以得到一些函数值。但是，它只适用于自变量取值较少的情况。

例 1　表 4-2-2 给出了 1949 年至 2009 年间每十年我国人口的统计数据（精确到 0.01 亿）

表 4-2-2

年份	1949 年	1959 年	1969 年	1979 年	1989 年	1999 年	2009 年
人口数量/亿	5.42	6.72	8.07	9.75	11.07	12.59	13.35

根据上表提供的数据回答下列问题：

(1) 我国人口数首次突破 8 亿大约在哪一年？

(2) 我国人口数据变化的总趋势是什么？

(3) 哪一个十年我国人口增长量最大？

解　(1) 由表格可知，我国人口数首次突破 8 亿大约在 1969 年。

(2) 由表格可知，我国人口数据变化的总趋势是增长。

(3) 对表格的第二行数据采用“后一个数据减前一个数据”的方法，可以得到如下结果：1.30，1.35，1.68，1.32，1.52，0.76。因此，1969—1979 年的十年间，我国人口增长量最大。

4.2.2　解析法

探究

生物学研究表明，某种蛇的长度 y（cm）是其尾长 x（cm）的一次函数。当蛇的尾长是 6cm 时，测得蛇长 45.5cm；当蛇的尾长是 14cm 时，测得蛇长 105.5cm。

(1) 写出 x 与 y 之间的函数关系式。

（2）若一条该种蛇的尾长是 10cm，它的长度是多少？

一般地，用解析式的形式表示两个变量之间函数关系的方法，称为解析法。

注：在初中阶段我们学过的用解析式表示的函数主要有一次函数、反比例函数、二次函数。

解析式可以精确地表示两个变量之间的对应关系。对于用解析式表示的函数关系，可以借助计算方法得到每一个自变量取值所对应的函数值，便于研究函数的具体性质。但是，对许多实际背景的函数关系，很难找到它们的解析式。

例 2　求解下列问题：

（1）一个长方形的长一定，它的面积可以看作是什么变量的函数？如果它的宽一定呢？分别分析当自变量的值增加 1 个单位时，因变量如何随自变量的变化而变化。

（2）一个圆柱的底面半径一定，它的体积可以看作什么变量的函数？如果它的高一定呢？分别分析当自变量的值增加 1 个单位时，因变量如何随自变量的变化而变化。

解　（1）由长方形的面积公式 $S=ab$（a 是长方形的长，b 是长方形的宽）可知，当 a 一定时，S 可以看作是 b 的函数，而且 b 每增加 1 个长度单位，面积 S 就增加 $a(b+1)-ab=a$ 单位面积；如果 b 一定，则 S 就可以看作 a 的函数，而且 a 每增加 1 个单位长度，面积 S 就增加 $(a+1)b-ab=b$ 单位面积。

由此可见，长的变化和宽的变化对长方形面积的变化起到同样的影响。

（2）由圆柱体的体积公式 $V=\pi r^2h$（r 是底面半径，h 是高）可知，当 r 一定时，V 可以看作是 h 的函数，而且 h 每增加 1 个单位长度，体积 V 就增加 $\pi r^2(h+1)-\pi r^2h=\pi r^2$ 单位体积；如果 h 一定，则 V 可看作 r 的函数，而且 r 每增加 1 个单位长度，体积 V 就增加 $\pi(r+1)^2h-\pi r^2h=\pi h(2r+1)$ 单位体积。

由此可见，高的变化与底面半径的变化对圆柱体积的影响不同。

4.2.3　图像法

把自变量 x 的一个值和函数 y 的对应值分别作为点的横坐标和纵坐标，可以在直角坐标系内描出一个点，所有这些点的集合，叫作这个函数的图像。用图像来描述两个变量的函数关系的方法叫作图像法。

一次函数 $y=kx+b$（$k\neq0$）的图像是过点 $(0, b)$ 且平行于直线 $y=kx$ 的一条直线。

反比例函数 $y=\dfrac{k}{x}$（$k\neq0$）的图像是双曲线。

此外，有的函数的图像也可以是一些点或几条线段等。画函数图像时，通常用描点法。

例 3　某种练习本，每本 0.5 元，买 x 本练习本的钱数为 $f(x)=0.5x$（元），$x\in\mathbf{N}_+$，画出这个函数的图像。

解　这个函数的图像是由一些点组成，如图 4-2-1 所示。

例 4　画出常数函数 $y=b$ 的图像。

解　常数函数 $y=b$ 的解析式中不含 x，表示不论 x 取何值，y 的值总等于 b，因此，它的图像是一条平行于 x 轴的直线，这条直线和 y 轴的交点是（0，b），当 $b=0$ 时，即 $y=0$，它表示与 x 轴重合的直线，如图 4-2-2 所示。

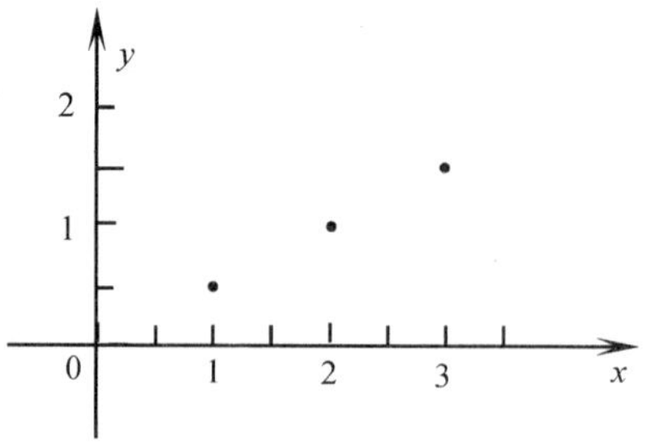

图 4-2-1

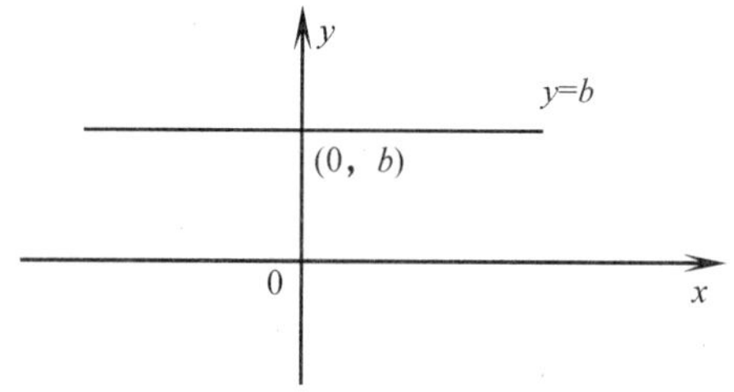

图 4-2-2

我们在初中学过，$x=a$ 是表示平行于 y 轴的一条直线，它与 x 轴的交点是（a，0），当 $a=0$ 时，即 $x=0$，它表示与 y 轴重合的直线。

练　习

1. 某文具商店的圆珠笔每支 2 元，买 x 支圆珠笔的钱数为 $f(x)=2x$（元），$x\in \mathbf{N}_+$，画出这个函数的图像。

2. 画出函数 $y=2x$，$x\in[0, 4]$ 的图像。

3. 某电信部门为了鼓励固定电话消费，推出新的优惠套餐：月租费 10 元；每月拨打市内电话在 120 分钟内时，每分钟收费 0.2 元，超过 120 分钟的每分钟收费 0.1 元；不足 1 分钟时按 1 分钟计费。用图像表示某用户一个月的市内电话费用 y（元）与拨打时间 t（分钟）的函数关系。

习　题

1. 小敏从家到学校 1400m，一开始他匀速跑步前进，跑累后走完余下的路程。他离家的距离随时间的变化情况如下：

时间/min	1	2	3	4	5	6	7	8	9	10	11
离家距离/m	120	240	360	480	500	580	660	740	820	900	980

（1）何时他离家距离超过学校离家距离的一半？

（2）由于采取不同的前进方式，随着时间的增加，他离家的距离变化趋势是怎样的？

（3）他从家到学校需要多长时间？

2. 在国内投寄外埠平信，每封信不超过 20g 付邮资 80 分，超过 20g 不超过 40g 付邮资 160 分，超过 40g 不超过 60g 付邮资 240 分，依此类推，每封 x（g）（$0\leqslant x\leqslant 100$）

的信应付多少邮资（单位：分）？写出函数表达式，作出函数的图像，并求出函数的值域。

4.3　函数的单调性

4.3.1　增函数

探究

下面三个函数在其定义域范围内，随着自变量 x 的增大，因变量 y 的变化有什么特征？

（1）贵州省是世界知名山地旅游目的地和山地旅游大省，国家生态文明试验区。素有“国家公园省”“山地公园省”“地热温泉省”的美誉，旅游业发展迅速，表 4-3-1 是贵州省近几年接待旅游人次的统计数据。

表 4-3-1

年份 x/年	2009	2010	2011	2012	2013	2014	2015	2016	2017	2018
人次 y/亿	1.04	1.29	1.70	2.14	2.67	3.21	3.50	5.31	7.44	9.69

（2）为了了解青春期女生的身高变化情况，一家健康机构随机选择了一批女生做调查，图 4-3-1 是根据调查结果绘制的函数图像。

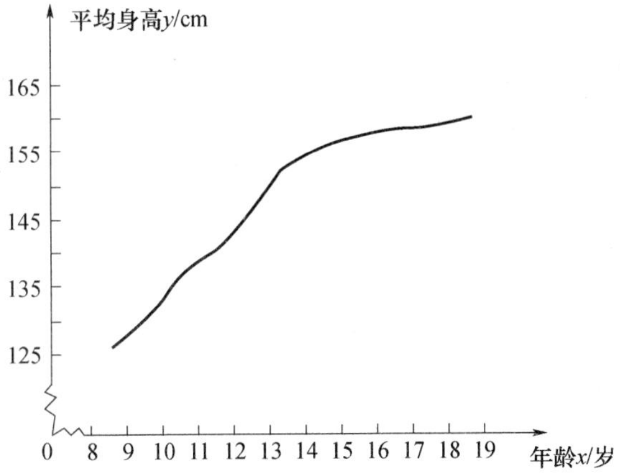

图 4-3-1

（3）$y=x(5-x)$，$0<x<5$。

如果函数 $y=f(x)$ 在数集 I 上满足：随着自变量 x 的增大，因变量 y 也增大，那么我们就称 $y=f(x)$ 在数集 I 上单调递增，也称 $y=f(x)$ 在数集 I 上是增函数。

上述定义用代数语言可以表述为：如果函数 $y=f(x)$ 在数集 I 上满足：对任意 x_1，$x_2\in I$，当 $x_1<x_2$ 时，$f(x_1)<f(x_2)$，那么我们就称 $y=f(x)$ 在数集 I 上单

调递增，也称 $y=f(x)$ 在数集 I 上是增函数。

如果函数 $y=f(x)$ 在某个区间上是增函数，就称该区间为函数 $y=f(x)$ 的单调增区间。

增函数

4.3.1　增函数

例 1　下列函数在什么数集上是增函数？

（1）$f(x)=7x+2$；

（2）$f(x)=x^2$；

（3）自变量 x 与因变量 y 的对应关系如表 4-3-2 所示。

表 4-3-2

x	-4	-3	-2	-1	0	1	2	3	4
y	-2.5	-2	-1.5	-1	-0.5	0	1	1.5	2

解　（1）函数 $f(x)=7x+2$ 的定义域为 $\mathbf{R}$。

对任意 x_1，$x_2\in\mathbf{R}$，如果 $x_1<x_2$，那么

$$f(x_2)-f(x_1)=(7x_2+2)-(7x_1+2)$$
$$=7(x_2-x_1)>0$$

即 $f(x_2)>f(x_1)$

因此，$f(x)=7x+2$ 在 $\mathbf{R}$ 上是增函数，如图 4-3-2 所示。

（2）由 $f(x)=x^2$ 的图像可知，如图 4-3-3 所示，函数 $f(x)=x^2$ 在 $[0,+\infty)$ 上是增函数。

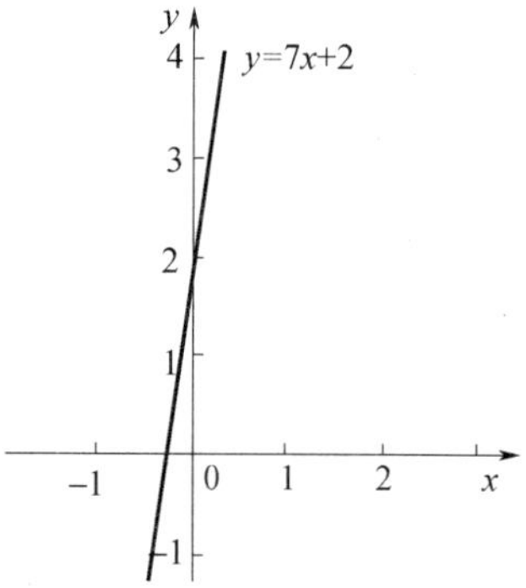

图 4-3-2

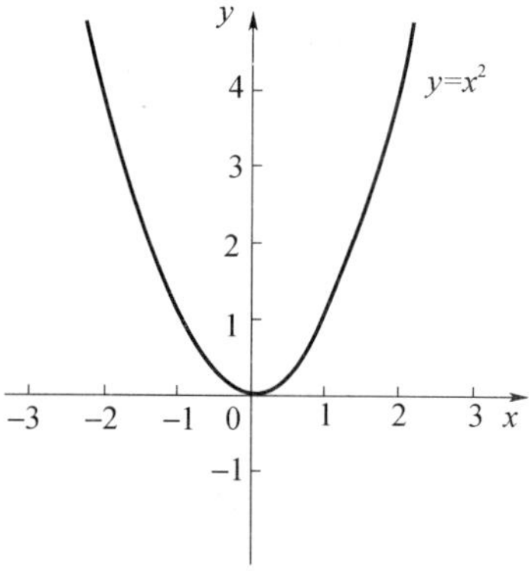

图 4-3-3

（3）由表 4-3-2 可以看出，当 x 增大时，其对应的函数值 y 也在增大，所以该函数在定义域 $\{-4,-3,-2,-1,0,1,2,3,4\}$ 上是增函数。

思考交流

如果函数 $y=f(x)$ 在区间 $[a,b]$ 上是增函数，那么在区间 $[a,b]$ 上，它的图

像从左到右看有什么特点？

练　习

指出下列函数的单调增区间：

(1) $f(x)=2x+3$；　(2) $f(x)=2x^2+1$；　(3) $f(x)=\frac{1}{x}$。

4.3.2　减函数

探究

下面三个函数在其定义域范围内，随着自变量 x 的增大，因变量 y 的变化有什么特征？

(1) 小明计划 2019 年 3 月份到贵州省清镇市旅游，为了方便携带随身物品，特意查了未来几天的天气预报，表 4-3-3 记录了清镇市未来几天最高气温的变化情况。

表 4-3-3

日期 x	3 月 20 日	3 月 21 日	3 月 22 日	3 月 23 日	3 月 24 日
最高温 y/℃	27	22	14	11	10

(2) $f(x)=\frac{1}{x}$。

(3) 德国心理学家艾宾浩斯研究发现，遗忘在学习之后立即开始，他认为“保持和遗忘是时间的函数”，并根据实验结果绘成描述遗忘进程的曲线，即著名的艾宾浩斯遗忘曲线，如图 4-3-4 所示。

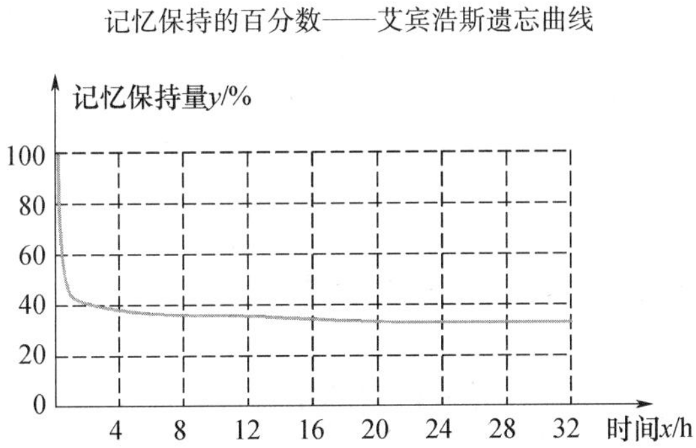

图 4-3-4

如果函数 $y=f(x)$ 在数集 I 上满足：随着自变量 x 的增大，因变量 y 减小，那么我们就称 $y=f(x)$ 在数集 I 上单调递减，也称 $y=f(x)$ 在数集 I 上是减函数。

上述定义用代数语言可以表述为：如果函数 $y=f(x)$ 在数集 I 上满足：对任 x_1，$x_2\in I$，当 $x_1<x_2$ 时，$f(x_1)>f(x_2)$，那么我们就称 $y=f(x)$ 在数集 I 上单调递减，也称 $y=f(x)$ 在数集 I 上是减函数。

如果函数 $y=f(x)$ 在某个区间上是减函数，就称该区间为函数 $y=f(x)$ 的单调减区间。

减函数

4.3.2　减函数

例 2　下列函数在什么数集上是减函数？

（1）$f(x)=-x$；

（2）$f(x)=x^2$；

（3）自变量 x 与因变量 y 的对应关系如表 4-3-4 所示。

表 4-3-4

x	0	1	2	3	4	5	6	7	8
y	20	19	18	17	18	16	15	14	13

解　（1）函数 $f(x)=-x$ 的定义域为 $\mathbf{R}$。

对任意 x_1，$x_2\in\mathbf{R}$，如果 $x_1<x_2$，那么

$$f(x_2)-f(x_1)=(-x_2)-(-x_1)$$
$$=x_1-x_2<0$$

即 $f(x_2)<f(x_1)$。

因此，$f(x)=-x$ 在 $\mathbf{R}$ 上是减函数。

（2）由 $f(x)=x^2$ 的图像（图 4-3-3）可知，函数 $f(x)=x^2$ 在 $[-\infty, 0)$ 上是减函数。

（3）由表 4-3-4 可以看出，当 x 增大时，其对应的函数值 y 在减小，所以该函数在定义域{0，1，2，3，4，5，6，7，8}上是减函数。

思考交流

如果函数 $y=f(x)$ 在区间 $[a, b]$ 上是减函数，那么在区间 $[a, b]$ 上，它的图像从左到右看有什么特点？

练　习

1. 作出函数 $y=|x|$ 的图像，并分析它的单调性，指出单调区间。

2. 指出下列函数的单调递减区间。

（1）$f(x)=8-5x$；　　（2）$f(x)=-x^2+1$。

习　题

1. 指出下列函数的单调区间：

（1）$f(x)=5x-1$；　　（2）$f(x)=9-6x$；

（3）$f(x)=2x^2-x+1$；　　（4）$f(x)=-3x^2+2x+1$。

2. 图 4-3-5 是一个气象站用自动温度记录仪描出的某一天气温随着时间变化的图像。

从图 4-3-5 中看到，该地区从 0 点到 4 点温度是逐渐________的，从 4 点到 16 点温度是逐渐________的，从 16 点到 24 点，温度又是逐渐________的。

3. 图 4-3-6 是函数 $y=f(x)$ 的图像，试根据函数的图像找出单调区间，并说明在每个区间上的单调性。

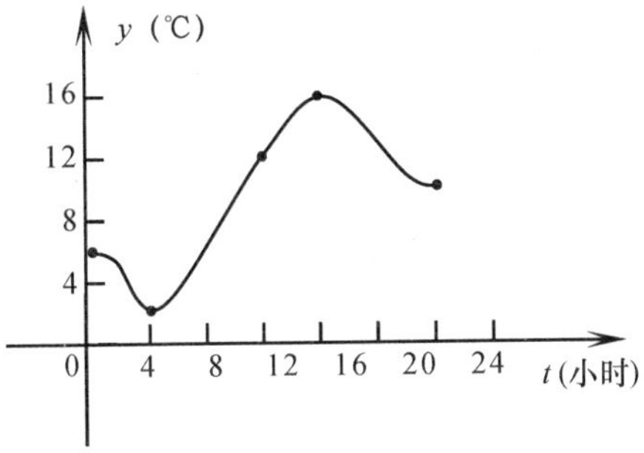

图 4-3-5

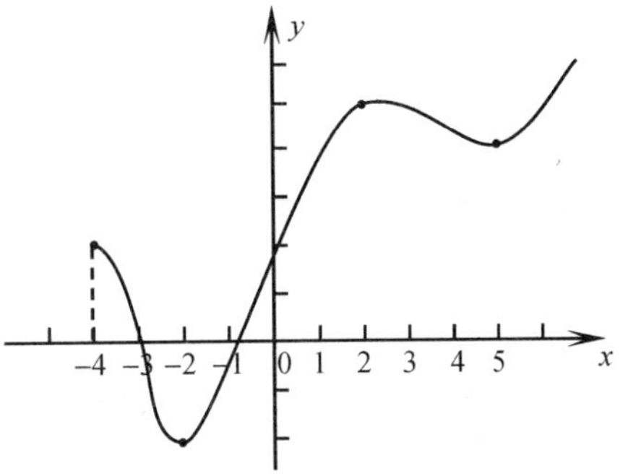

图 4-3-6

4.4　函数的奇偶性

在初中，我们曾经见过许多对称图形，也研究了轴对称、中心对称这两种平面上最常见的对称现象。

我们知道，如果一个图形沿着一条直线折叠后，直线两侧的部分能够相互重合，那么这个图形称为轴对称图形，这条直线则称为对称轴。下面是一些常见的轴对称图形。

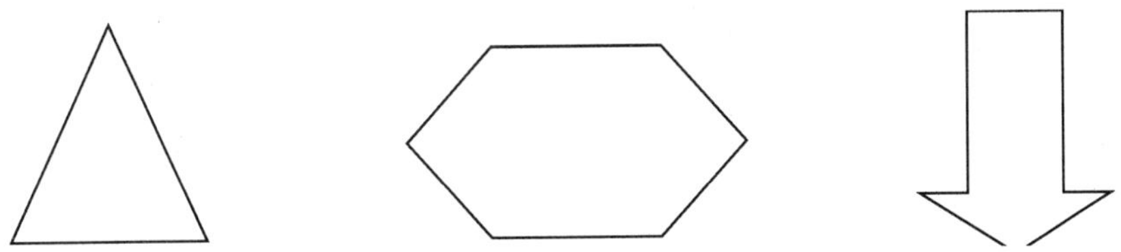

我们知道，如果一个图形绕着某个定点旋转 180°以后与原来的图形重合，那么这个图形就称为中心对称图形，定点就是对称中心，下面是一些常见的中心对称图形。

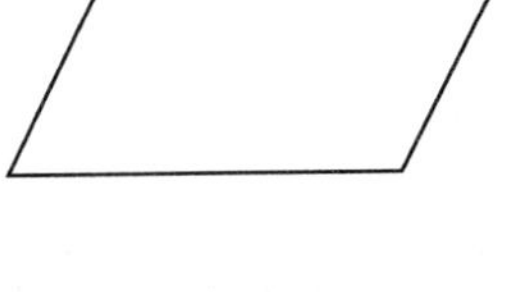

探究

观察两个函数 $y=2x$ 与 $y=x^2$ 的图像（图 4-4-1）：

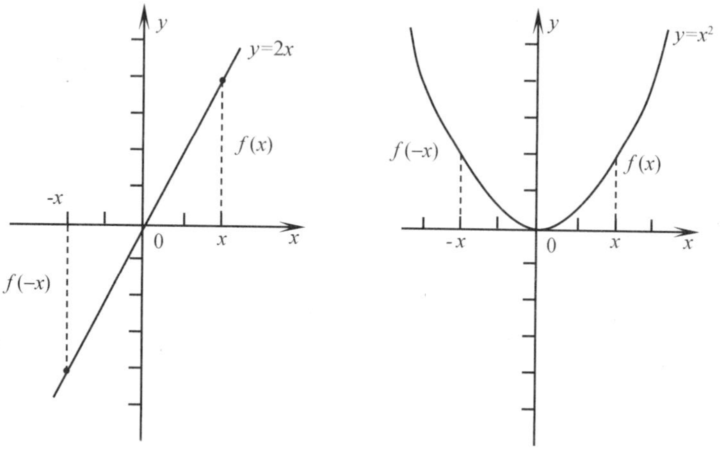

(1)　　　　(2)

图 4-4-1

从图 4-4-1 中我们观察到，这两个函数的定义域都是以原点为中心的对称区间。

图 4-4-1（1）中，图像关于原点对称，且 $f(-x)=-f(x)$。

图 4-4-1（2）中，图像关于 y 轴对称，且 $f(-x)=f(x)$。

一般地，对于函数 $f(x)$，

1. 如果定义域关于原点对称且 $f(-x)=f(x)$，那么 $f(x)$是偶函数。

2. 如果定义域关于原点对称且 $f(-x)=-f(x)$，那么 $f(x)$是奇函数。

函数的奇偶性

4.4　函数的奇偶性

根据上述定义，我们知道，如果 $f(x)$ 是偶函数，则点 $(x, f(x))$ 与点 $(-x, f(-x))$ 都在 $f(x)$ 的图像上，这两点是关于 y 轴对称的。

如果 $f(x)$ 是奇函数，则点 $(x, f(x))$ 与点 $(-x, f(-x))$ 都在 $f(x)$ 的图像上，这两点是关于原点对称的，于是我们可以推出：

如果一个函数是偶函数，那么它的图像关于 y 轴对称，反之亦然。

如果一个函数是奇函数，那么它的图像关于原点对称，反之亦然。

例 1　判断下列函数是否为偶函数：

(1) $f(x)=2x^2$；　　　　(2) $h(x)=x$。

解　(1) $f(x)$ 的定义域是 **R**，对于定义域内的任意一个值 x，都有

$$f(-x)=2(-x)^2=2x^2=f(x)。$$

因此，$f(x)$ 是偶函数。

(2) $h(x)$ 的定义域是 **R**，但是，对于定义域内任意一个非零的值 x，有 $h(-x)$

$=-x\neq x$，即 $h(-x)\neq h(x)$。

因此，$h(x)$ 不是偶函数。

事实上，我们还可以通过作出它们的图像，借助对图像特征的分析来判定。请你试一试。

例 2　判断下列函数是否为奇函数：

(1) $f(x)=2x$；　　(2) $h(x)=2x+1$。

解　(1) $f(x)$ 的定义域是 $\mathbf{R}$，对于定义域内的任意一个值 x，都有

$$f(-x)=2(-x)=-2x=-f(x)。$$

因此，$f(x)$ 是奇函数。

(2) $h(x)$ 的定义域是 $\mathbf{R}$，对于定义域内的任意一个值 x，有

$h(-x)=2(-x)+1=-2x+1$，而 $-h(x)=-(2x+1)=-2x-1$，

即 $h(-x)\neq -h(x)$。

因此，$h(x)$ 不是奇函数。

例 3　判断下列函数的奇偶性：

(1) $f(x)=x^4+1$；　　(2) $f(x)=x^{-3}$；

(3) $f(x)=x+1$。

解　(1) $f(x)$ 的定义域是 $(-\infty, +\infty)$，关于原点对称。

所以 $f(-x)=(-x)^4+1=x^4+1=f(x)$，

即 $f(x)=x^4+1$ 是偶函数。

(2) $f(x)=x^{-3}=\frac{1}{x^3}$的定义域是 $(-\infty, 0)\cup(0, +\infty)$，关于原点对称。

因为 $f(-x)=\frac{1}{(-x)^3}=-\frac{1}{x^3}=-x^{-3}=-f(x)$，

所以 $f(x)=x^{-3}$是奇函数。

(3) $f(x)$ 的定义域是 $(-\infty, +\infty)$，关于原点对称。

因为 $f(-x)=-x+1$，

当 $x\neq 0$ 时，$f(-x)\neq f(x)$ 且 $f(-x)\neq -f(x)$

所以 $f(x)=x+1$ 既不是奇函数也不是偶函数。

常见的正比例函数 $y=kx$ $(k\neq 0)$，当 $k<0$ 时，是递减的奇函数；当 $k>0$ 时，是递增的奇函数。

反比例函数 $y=\frac{k}{x}$ $(k\neq 0)$，当 $k<0$ 时，分别在 $(-\infty, 0)$ 和 $(0, +\infty)$ 内是递增函数，是奇函数；当 $k>0$ 时，分别在 $(-\infty, 0)$ 和 $(0, +\infty)$ 内是递减函数，也是奇函数。

思考交流

函数 $y=x^3$ 是奇函数吗？你准备采用什么方法来做出判断？

问题解决

判断函数 $y=c$（c 为常数）的奇偶性。

练　习

1. 判断下列函数是否为偶函数：

(1) $f(x)=2x+1$；　　(2) $f(x)=3x^2$。

2. 判断下列函数是否为奇函数：

(1) $f(x)=4x$；　　(2) $f(x)=3x+1$。

3. 判断下列函数的奇偶性：

(1) $f(x)=x^3$；　　(2) $f(x)=x^4$；

(3) $f(x)=x^{-2}$；　　(4) $f(x)=2x-x^3$。

习　题

1. 分别画出下列函数的图像，并判定它们的单调性：

(1) $f(x)=-3x+2$；　　(2) $f(x)=-\frac{2}{x}$；

(3) $f(x)=x^2+1$。

2. 判断下列函数的奇偶性：

(1) $f(x)=-5x$；　　(2) $f(x)=3x+2$；

(3) $f(x)=5-2x^2$；　　(4) $f(x)=x^2+6x+9$；

(5) $f(x)=\sqrt{1-x^2}$；　　(6) $f(x)=\frac{x}{\sqrt{4-x^2}}$。

3. 已知 $y=f(x)$ 是偶函数，且 $x<0$ 时，$y=f(x)$ 是减函数，试比较下列函数值的大小：

(1) $f(-3)$ 与 $f(3)$；　　(2) $f(-2)$ 与 $f(1)$；

(3) $f(-3)$ 与 $f(2.5)$；　　(4) $f(-1)$ 与 $f(2)$。

4.5　函数的实际应用

生活中的许多事物之间存在着数量关系，应用函数表达这些数量关系往往有助于我们解决问题。

4.5.1　一次函数的应用

例 1　一种商品，如果单价不变，购买 8 件商品需付 120 元，写出这种商品件数 x

和总价值 y 之间的函数关系。

解 因为 y 与 x 的关系是正比例关系，所以

$$y=kx,\ x\in\mathbf{N}$$

其中常数 k 待求，

把 $x=8$，$y=120$ 代入上式，得

$$120=k\times 8$$

即 $k=\dfrac{120}{8}=15$

因此，总价值 y 与件数 x 的函数关系是

$$y=15x,\ x\in\mathbf{N}。$$

例 2 火车从北京站开出 12km 后，以每小时 90km 的速度匀速行驶，试写出火车总路程 S 与做匀速运动时的时间 t 之间的函数关系。

解 因为火车匀速运行 t 小时后，运行的路程为 $90t$，所以，火车运行总路程 S 与做匀速运动时间 t 之间的关系是

$$S=12+90t,\ t\geqslant 0。$$

例 3 某商品的售价为 40 元时，月销售量为 10000 件，价格每提高 2 元，月销售量就会减少 400 件，在不考虑其他因素的条件下：

(1) 试求这种商品的月销售与价格之间的函数关系；

(2) 当售价提高到多少元时，这种商品就会卖不出去?

解 (1) 设商品价格提高 n 个 2 元时，商品价格 $x=40+2n$，销售量 $y=10000-400n$。

这时，$y=10000-400\times\dfrac{x-40}{2}$

$=10000-200x+8000$

$=18000-200x$

(2) 商品卖不出去时，销售量是 $y=0$，

所以，$18000-200x=0$

$x=90$（元）

故 $x\in[40,\ 90]$。

答：(1) 这种商品销售量与价格的函数表达式为 $y=18000-200x$，$x\in[40,\ 90]$。

(2) 当价格提高到 90 元时，这种商品会卖不出去。

练 习

一种商品，如果单价不变，购买 8 件时商品需付 120 元，购买 20 件商品时，需付多少元? 用 1000 元可以购买多少件商品?

4.5.2 二次函数的应用

例 4 某单位计划建筑一矩形围墙，现有材料可筑墙 128m，如果要使墙围出的面

积最大，问矩形的长、宽各等于多少？

解　设矩形的长为 xm，宽为$\frac{1}{2}$（$128-2x$）m，矩形的面积为：

$$\begin{aligned}S&=x\cdot\frac{(128-2x)}{2}\\&=-x^2+64x\\&=-(x^2-64x+32^2-32^2)\\&=-(x-32)^2+1024\end{aligned}$$

因此可得，当 $x=32$ 时，面积 S 取得最大。

答：这个矩形的长与宽都等于 32m 时，即为边长为 32m 的正方形时，所围的面积最大，最大面积为 1024m^2。

例 5　一家旅社有 300 间客房，每间房租 50 元，每天都客满，旅社欲提高档次，并提高租金，如果每增加 5 元，客房出租数会减少 10 间，不考虑其他因素，旅社将房间租金提高到多少时，每天客房的租金收入最高？

解　设提高 x 个 5 元，则将有 $10x$ 间客房空出，则客房租金总收入为

$$\begin{aligned}y&=(50+5x)(300-10x)\\&=-50x^2+1500x-500x+15000\\&=-50x^2+1000x+15000\\&=-50(x^2-20x+10^2-10^2)+15000\\&=-50(x-10)^2+5000+15000\\&=-50(x-10)^2+20000\end{aligned}$$

因此得到，当 $x=10$ 时，$-50(x-10)^2+20000$ 为最大，即每间租金为 $50+10\times5=100$ 元时，每天租金的总收入最高，最高收入为 20000 元。

答：房间租金提高到 100 元时，每天租金的收入最高，最高达到 20000 元。

问题解决

我们知道，影响刹车距离的最主要因素是行车速度和路面的摩擦系数。研究表明，晴天在平整公路上某型号汽车的刹车距离 s（m）与行驶速度 v（km/h）满足关系 $s=\frac{v^2}{300}$，而雨天行驶时，满足关系 $s=\frac{v^2}{200}$。根据上述信息，解答下列问题：

（1）在同一坐标中作出函数 $s=\frac{v^2}{300}$和 $s=\frac{v^2}{200}$的图像。

（2）这两个图像之间有什么相同点和不同点？这说明了什么？

（3）如果车辆行驶速度分别是 60km/h 和 80km/h，那么雨天行驶和晴天行驶的刹车距离各为多少？

（4）如果雨天行车时车辆正前方约 50m 处有一个障碍物，此时车的行驶速度为 60km/h，驾驶员应当在几秒内刹车？

练　习

靠墙围一矩形，已知现有篱笆材料 80m 长，当矩形的长、宽各为多少时，所围的面积最大？

4.5.3　分段函数的应用

例 6　某地出租车计价标准如下：行驶路程在 3km 以内（含 3km）收费 9 元，以后每行驶 1km 增加收费 1.6 元；若行驶总路程超过 10km，则超过部门按 2.4 元/km 计费。

（1）求旅客乘坐出租车行驶路程与应交付的打车费之间的函数关系式。

（2）如果小明只有 20 元钱，求他最多乘坐路程。

解（1）假设出租车行驶路程 x（km），应交付的打车费为 y（元）。由于出租车行驶路程不同时，车费单价不同，所以需要分段考虑。按照收费标准，我们可以得到下面的结论：

① 当 $0<x\leqslant 3$ 时，$y=9$；

② 当 $3<x\leqslant 10$ 时，$y=9+1.6(x-3)=1.6x+4.2$；

③ 当 $x>10$ 时，$y=9+1.6\times(10-3)+2.4(x-10)=2.4x-3.8$。

所以函数关系可表示为：

$$y=\begin{cases}9，0<x\leqslant 3\\1.6x+4.2，3<x\leqslant 10\\2.4x-3.8，x\geqslant 10\end{cases}$$

（2）如果小明只有 20 元钱，那么他在支付 9 元的起步价费用以后，还剩下 11 元，而 $11\div 1.6=6.875$，所以他只能再坐约 6.8km，即总共可以乘坐约 9.8km。

问题解决

国内跨市邮寄信函的收费标准如下：

信函质量不超过 20g 的，每封收费 1.2 元；信函质量超过 20g，但不超过 40g 的，每封收费 2.4 元；信函质量超过 40g，但不超过 60g 的，每封收费 3.6 元；信函质量超过 60g，但不超过 80g 的，每封收费 4.8 元；信函质量超过 80g，但不超过 100g，每封收费 6 元。

（1）试选用适当的方法表示投递信函的质量 x（单位：g，$0<x\leqslant 100$）与应付的邮资 y（元）之间的函数关系式。

（2）小明要寄一封 72g 的跨市信函，但他只带了 5 元钱，请问：小明是否有足够的邮资？

（3）如果小明要将两封信函（总质量不超过 100g）寄给同一个收信人，那么，他是将信函分开寄出合算还是合并寄出合算？

练　习

某商品售价为 10 元时，销售量为 1000 件，每件价格每提高 0.2 元，会少卖 10 件。

（1）求销售量与价格的函数关系；

（2）当商品价格为多少时，收入最多？

习　题

1. 某食品 5kg 价格为 40 元，求该食品的价格与质量之间的函数关系，并求 12kg 食品的价格是多少元？

2. 某种产品每件 80 元时每天可售出 30 件，如果每件定价 120 元，则每天可售出 20 件，假设售出件数是定价的一次函数，求这个函数的表达式，当定价多少元时，产品卖不出去？

3. 心理学家发现，学生对概念的接受能力 y 与提出概念所用的时间 x（单位：分钟）之间满足函数关系：

$$y=-0.1x^2+2.6x+43,\ 0\leqslant x\leqslant 30$$

y 值越大，表示接受能力越强。

（1）x 在什么范围内，学生的接受能力逐渐增强？

（2）第 10 分钟时，学生的接受能力是多少？

（3）第几分钟时，学生的接受能力最强？

回顾与小结

一、函数

1. 函数的定义：如果在某个变化过程中，有两个变量 x、y，并且对于 x 在某一范围内的每一个值，按照某个对应法则，y 都有唯一确定的值与之对应，那么 y 叫作 x 的函数，记作 $y=f(x)$。

2. 函数的定义域：函数自变量 x 的取值范围。

3. 函数的值域：函数因变量 y 的取值范围。

4. 函数的表示法有三种：(1) 解析法；(2) 列表法；(3) 图像法。

二、函数的性质

1. 函数的增减性：对于函数 $f(x)$ 在某个区间里的 x_1 和 x_2，如果当 $x_1<x_2$ 时，都有 $f(x_1)<f(x_2)$，那么 $f(x)$ 在这个区间是增函数；如果当 $x_1<x_2$ 时，都有 $f(x_1)>f(x_2)$，那么 $f(x)$ 在这个区间是减函数。

2. 函数的奇偶性：函数 $f(x)$ 在以原点为中心的对称区间内，如果 $f(-x)=f(x)$，则 $f(x)$ 是偶函数；如果 $f(-x)=-f(x)$，则 $f(x)$ 是奇函数。

3. 函数的实际应用：能够借助函数的知识和方法解释一些生活中的现象，解决一些简单的实际问题。

复习题

1. 填空题：

(1) 已知 $f(x)=3^x$，则 $f(3)=$________；

(2) 已知 $f(x)=x^3+3x-1$，则 $f(-x)=$________；

(3) 已知 $f(x)$ 在 $(0,+\infty)$ 内是减函数，且 $f(x)$ 是偶函数，则 $f(-3)$ ________ $f(-2)$；

(4) 已知 $f(x)=x^2+2x+1$，则 $f(x)$ 的值域是________。

2. 函数 $f(x)=2x-x^2$ 的定义域是（　　）。

A. $(-\infty,2)$　　　B. $(0,2)$

C. $[0,2]$　　　D. $(-\infty,2]$

3. 下列函数是奇函数的是（　　）。

A. $y=2x^2+1$　　　B. $y=\frac{1}{2}x^3-1$

C. $y=\sqrt[3]{x}$　　　D. $y=\frac{3}{x^2}$

4. 下列函数中与函数 $f(x)=x$ 的图像相同的是（　　）。

A. $f(x)=\frac{x^2}{x}$　　　B. $f(x)=|x|$

C. $f(x)=\sqrt{x}$　　　D. $f(x)=\sqrt[3]{x^3}$

5. 若 $f(x)$ 是奇函数，且在 $x>0$ 时是增函数，则下列结论中正确的是（　　）。

A. $f(-1)<f(-2)<f(-3)$　　　B. $f(-3)<f(-2)<f(-1)$

C. $f(-2)<f(-1)<f(-3)$　　　D. $f(-3)<f(-1)<f(-2)$

6. 求下列函数的定义域：

(1) $y=\sqrt{3x-1}$；　　　(2) $y=\frac{1}{3x-1}$；

(3) $y=\frac{1}{\sqrt{3x-1}}$；　　(4) $y=\frac{\sqrt{x-1}}{x-2}$；

(5) $y=\frac{1}{\sqrt{2x+3-x^2}}$；　　(6) $y=\frac{1}{\sqrt{2x+3-x^2}}$；

(7) $y=\frac{\sqrt{x-2}}{\sqrt{3x^2-4x+1}}$；　　(8) $y=\frac{\sqrt{3x-1}}{3x^2-4x+1}$。

7. 判断下列函数的奇偶性

(1) $f(x)=3x-3$；　　(2) $f(x)=3x^2-3$；

(3) $f(x)=3x^5$；　　(4) $f(x)=\sqrt[4]{x}-1$；

(5) $f(x)=\frac{1}{\sqrt[3]{x}}$；　　(6) $f(x)=\frac{\sqrt{x}}{2x^2+1}$。

8. 指出下列函数的单调区间，并判断其增减性：

(1) $y=(x-1)^2$；　　(2) $y=\left(x+\frac{1}{2}\right)^2-1$；

(3) $y=-\frac{4}{x}$；　　(4) $y=\frac{1}{x^2}$。

9. 根据条件，确定函数 $f(x)$ 的解析式：

(1) 已知 $f(x)$ 是正比例函数，且 $f(3)=5$；

(2) 已知 $f(x)$ 是反比例函数，且 $f(3)=5$；

(3) 已知 $f(x)$ 是一次函数，且 $f(3)=5$，$f(-3)=1$；

(4) 已知 $f(x)$ 是二次函数，它的图像过原点，且 $f(-1)=3$，$f(1)=1$。

10. 已知 $f(x)=x^2+\frac{1}{x}+1$，求 $f(x+1)$ 及 $f\left(\frac{1}{x}\right)$。

11. 已知 $y=f(x)$ 是奇函数，当 $x>0$ 时，$f(x)=x(1+x)$；求 $x<0$ 时，$f(x)$ 的解析式。

第 5 章 指数函数与对数函数

某城市现有人口 200 万人，根据最近 10 年的统计资料，这个城市的人口年自然增长率为 1.3%，按照这个增长率计算，20 年后这个城市的人口预计会达到多少万人?

学习了本章内容后，你就会轻轻松松回答这类问题了。

【本章学习目标】

学完本章内容，你将能够

◎ 掌握指数幂的定义和运算

◎ 掌握对数的定义和运算

◎ 掌握指数函数的概念、图像及性质

◎ 掌握对数函数的概念、图像及性质

◎ 运用指数函数、对数函数解决简单的实际问题

5.1 实数指数幂

5.1.1 整数指数幂

初中学过了正整数指数幂，我们知道

$a^2=a\cdot a$

$a^3=a\cdot a\cdot a$

……

$a^n=\underbrace{a\cdot a\cdot\cdots\cdot a}_{n\text{个}a\text{相乘}}$

我们把 a^n 叫作 a 的 n 次幂，a 叫作幂的底数，n 叫作幂的指数。当 n 是正整数时，a 的 n 次幂叫作正整数指数幂。

正整数指数幂有下列运算法则（m，$n\in\mathbf{N}_+$）：

（1）$a^m\cdot a^n=a^{m+n}$；

（2）$(a^m)^n=a^{m\cdot n}$；

（3）$(a\cdot b)^n=a^n\cdot b^n$；

（4）$\dfrac{a^m}{a^n}=a^{m-n}$ （$a\neq0$，$m>n$）。

如果我们在法则（4）中取消 $m>n$ 这个限制会出现什么结果呢？

例如，当 $a\neq0$ 时，$\dfrac{a^5}{a^5}=a^{5-5}=a^0$，$\dfrac{a^3}{a^5}=a^{3-5}=a^{-2}$。

这些结果出现了零指数幂和负整数指数幂。

当 $a\neq0$ 时，由$\dfrac{a^5}{a^5}=1$ 和$\dfrac{a^3}{a^5}=\dfrac{1}{a^2}$得到：

$$a^0=1 \tag{5.1}$$

$$a^{-n}=\frac{1}{a^n} \tag{5.2}$$

于是，我们将正整数指数幂推广到了整数指数幂。

例如，$5^0=1$；

$(\sqrt{2})^0=1$；

$2^{-3}=\dfrac{1}{2^3}=\dfrac{1}{8}$；

$10^{-4}=\dfrac{1}{10^4}=\dfrac{1}{10000}=0.0001$；

$(2a)^{-2}=\dfrac{1}{(2a)^2}=\dfrac{1}{4a^2}$ （$a\neq0$）。

正整数指数幂的运算法则对于整数指数幂仍然成立，从而整数指数幂的运算法则如下（m，$n\in\mathbf{Z}$）：

（1）$a^m\cdot a^n=a^{m+n}$；

（2）$(a^m)^n=a^{m\cdot n}$；

（3）$(a\cdot b)^n=a^n\cdot b^n$；

（4）$\dfrac{a^m}{a^n}=a^{m-n}$ （$a\neq0$，$m>n$）；

（5）$\left(\dfrac{a}{b}\right)^n=\dfrac{a^n}{b^n}$ （$b\neq0$）。

例 1　计算：

（1）$(\sqrt{3})^0$；　　（2）$\left(\dfrac{5}{3}\right)^{-2}$；　　（3）$0.1^{-3}$。

解　（1）$(\sqrt{3})^0=1$；

（2）$\left(\dfrac{5}{3}\right)^{-2}=\left(\dfrac{3}{5}\right)^2=\dfrac{9}{25}$；

（3）$0.1^{-3}=\left(\dfrac{1}{10}\right)^{-3}=10^3=1000$。

例 2　计算$(3a^3)^{-1}$ （$a\neq0$）。

解　$(3a^3)^{-1}=\dfrac{1}{3a^3}$。

练　习

1. 计算：

(1) $(0.6)^0$；　　(2) $\left(-\frac{7}{3}\right)^{-2}$；

(3) $(-0.01)^{-2}$；　　(4) $\left(\frac{3}{2}\right)^{-3}$。

2. 计算（$a\neq 0$）：

(1) $a^{-3}\cdot a^5$；　　(2) $(-2a^6)^{-3}$；　　(3) $\left(\frac{1}{2}a^{-3}\right)^2$。

5.1.2　分数指数幂

如果一个数的平方等于 a，那么这个数叫作 a 的平方根。如果一个数的立方等于 a，那么这个数叫作 a 的立方根。

一般地，如果一个数的 n 次方等于 a（$n\in\mathbf{N}_+$ 且 $n>1$），那么这个数就叫作 a 的 n 次方根。例如，$2^5=32$，所以 2 是 32 的 5 次方根；$3^4=81$，$(-3)^4=81$，所以 3 和 -3 都是 81 的 4 次方根。

当 n 为奇数时，正数的 n 次方根是一个正数，负数的 n 次方根是一个负数。这时 a 的 n 次方根只有一个，记作$\sqrt[n]{a}$。例如，$\sqrt[5]{32}=2$，$\sqrt[5]{-32}=-2$。

当 n 为偶数时，正数的偶次方根有两个，它们互为相反数，分别记为$\sqrt[n]{a}$，$-\sqrt[n]{a}$，二者可以合并写成$\pm\sqrt[n]{a}$的形式。例如，16 的 4 次方根有两个为± 2，记作$\pm\sqrt[4]{16}=\pm 2$。其中正的那个 n 次方根$\sqrt[n]{a}$，叫作 a 的 n 次算术根。

负数没有偶次方根。

0 的 n 次方根是 0，即$\sqrt[n]{0}=0$。

当$\sqrt[n]{a}$有意义时，$\sqrt[n]{a}$叫作根式，其中 n 叫作根指数，a 叫作被开方数。

思考交流

(1) $(\sqrt[3]{8})^3=$________；$(\sqrt[3]{-8})^3=$________。

(2) $\sqrt[3]{2^3}=$________；$\sqrt[3]{(-2)^3}=$________。

(3) $\sqrt[4]{2^4}=$________；$\sqrt[4]{(-2)^4}=$________。

以上结果说明了什么？

根据 n 次根式的定义有：

(1) $(\sqrt[n]{a})^n=a$（$n\in\mathbf{N}_+$ 且 $n>1$）；

(2) n 为奇数时，$\sqrt[n]{a^n}=a$。

n 为偶数时，$\sqrt[n]{a^n}=|a|=\begin{cases}a, & a\geqslant 0,\\ -a, & a<0。\end{cases}$

我们把 a^n 叫作 a 的 n 次幂，a 叫作幂的底数，n 叫作幂的指数。a^n 表示 n 个相同因子的乘积。而且当 $a\neq 0$ 时，$a^0=1$，$a^{-n}=\dfrac{1}{a^n}$。

考虑 $(\sqrt{3})^2=3$。如果按 n 次方根的定义和整数指数幂的运算法则应该有

$$(3^{\frac{1}{2}})^2=3^{\frac{1}{2}\times 2}=3$$

于是我们可以记成，$\sqrt{3}=3^{\frac{1}{2}}$。类似地，$\sqrt[3]{2^5}$ 可以写成 $2^{\frac{5}{3}}$ 的形式。

为了使得整数指数幂的三条运算法则对分数指数幂也成立，我们规定：

$$a^{\frac{m}{n}}=\sqrt[n]{a^m} \tag{5.3}$$

其中 m，n 为正整数，$n\geqslant 2$。当 n 为奇数时，$a\in\mathbf{R}$；当 n 为偶数时，$a\geqslant 0$。

与负整数指数幂类似，负分数指数幂也规定为相应的正分数指数幂的倒数。即

$$a^{-\frac{m}{n}}=\frac{1}{\sqrt[n]{a^m}} \tag{5.4}$$

其中 $a\neq 0$，$n>1$，m，n 都是正整数。

这样，我们就将整数指数幂的概念推广到了有理数指数幂。公式（5.3）和公式（5.4）给出了根式与分数指数幂相互转化的依据。

例 3　将下列各分数指数幂写成根式的形式：

（1）$a^{\frac{2}{3}}$；　　（2）$b^{-\frac{3}{5}}$（$b\neq 0$）。

解　（1）$a^{\frac{2}{3}}=\sqrt[3]{a^2}$；

（2）$b^{-\frac{3}{5}}=\dfrac{1}{b^{\frac{3}{5}}}=\dfrac{1}{\sqrt[5]{a^3}}$（$b\neq 0$）。

例 4　将下列各根式写成分数指数幂的形式：

（1）$\sqrt[5]{a^2}$；　　（2）$\dfrac{1}{\sqrt[3]{b^5}}$（$b\neq 0$）。

解　（1）$\sqrt[5]{a^2}=a^{\frac{2}{5}}$；

（2）$\dfrac{1}{\sqrt[3]{b^5}}=\dfrac{1}{b^{\frac{5}{3}}}=b^{-\frac{5}{3}}$（$b\neq 0$）。

练　习

1. 将下列各根式写成分数指数幂的形式：

（1）$\sqrt[5]{9^3}=$________；　　（2）$\sqrt[3]{a^4}=$________；

（3）$\dfrac{1}{\sqrt[4]{5^3}}=$________；　　（4）$\dfrac{1}{\sqrt[3]{2}}=$________。

2. 将下列各分数指数幂写成根式的形式：

(1) $7^{\frac{2}{3}}=$________；　　　　(2) $5^{-\frac{3}{2}}=$________；

(3) $3^{-\frac{2}{7}}=$________；　　　　(4) $4^{\frac{5}{3}}=$________。

整数指数幂的运算法则对于有理数指数幂仍然成立。

例 5　计算：

(1) $(\sqrt[5]{-3})^5$；　　　　(2) $27^{\frac{1}{3}}$；

(3) $\left(6\frac{1}{4}\right)^{\frac{3}{2}}$；　　　　(4) $(0.001)^{-\frac{1}{3}}$。

解　(1) $(\sqrt[5]{-3})^5=-3$；

(2) $27^{\frac{1}{3}}=(3^3)^{\frac{1}{3}}=3^{3\times\frac{1}{3}}=3$；

(3) $\left(6\frac{1}{4}\right)^{\frac{3}{2}}=\left(\frac{25}{4}\right)^{\frac{3}{2}}=\left[\left(\frac{5}{2}\right)^2\right]^{\frac{3}{2}}=\left(\frac{5}{2}\right)^{2\times\frac{3}{2}}=\left(\frac{5}{2}\right)^3=\frac{125}{8}$；

(4) $(0.001)^{-\frac{1}{3}}=\left(\frac{1}{1000}\right)^{-\frac{1}{3}}=1000^{\frac{1}{3}}=(10^3)^{\frac{1}{3}}=10^{3\times\frac{1}{3}}=10$。

例 6　计算下列各式的值：

(1) $0.125^{\frac{1}{3}}$；　　　　(2) $\frac{\sqrt{3}\times\sqrt[3]{6}}{\sqrt[3]{9}\times\sqrt[3]{2}}$。

解　(1) $0.125^{\frac{1}{3}}=\left(\frac{1}{8}\right)^{\frac{1}{3}}=(2^{-3})^{\frac{1}{3}}=2^{-3\times\frac{1}{3}}=2^{-1}=\frac{1}{2}$；

(2)
$$\frac{\sqrt{3}\times\sqrt[3]{6}}{\sqrt[3]{9}\times\sqrt[3]{2}}=\frac{3^{\frac{1}{2}}\times6^{\frac{1}{3}}}{9^{\frac{1}{3}}\times2^{\frac{1}{3}}}=\frac{3^{\frac{1}{2}}\times(2\times3)^{\frac{1}{3}}}{(3^2)^{\frac{1}{3}}\times2^{\frac{1}{3}}}$$
$$=\frac{3^{\frac{1}{2}}\times2^{\frac{1}{3}}\times3^{\frac{1}{3}}}{3^{\frac{2}{3}}\times2^{\frac{1}{3}}}=3^{\frac{1}{2}+\frac{1}{3}-\frac{2}{3}}\times2^{\frac{1}{3}-\frac{1}{3}}$$
$$=3^{\frac{1}{6}}\times2^0=3^{\frac{1}{6}}=\sqrt[6]{3}。$$

例题

5.1　实数指数幂

例 7　计算 $2\sqrt{2}\times\sqrt[3]{8}\times\sqrt[4]{32}$。

解
$$2\sqrt{2}\times\sqrt[3]{8}\times\sqrt[4]{32}=2\times2^{\frac{1}{2}}\times8^{\frac{1}{3}}\times32^{\frac{1}{4}}$$
$$=2\times2^{\frac{1}{2}}\times(2^3)^{\frac{1}{3}}\times(2^5)^{\frac{1}{4}}$$
$$=2\times2^{\frac{1}{2}}\times2\times2^{\frac{5}{4}}$$
$$=2^{1+\frac{1}{2}+1+\frac{5}{4}}=2^{\frac{15}{4}}。$$

例 8　化简 $\frac{\sqrt{a}\cdot\sqrt[4]{a^3b}}{\sqrt{ab}}$。

解
$$\frac{\sqrt{a}\cdot\sqrt[4]{a^3b}}{\sqrt{ab}}=\frac{a^{\frac{1}{2}}\cdot a^{\frac{3}{4}}\cdot b^{\frac{1}{4}}}{a^{\frac{1}{2}}\cdot b^{\frac{1}{2}}}$$
$$=a^{\frac{1}{2}+\frac{3}{4}-\frac{1}{2}}\cdot b^{\frac{1}{4}-\frac{1}{2}}=a^{\frac{3}{4}}\cdot b^{-\frac{1}{4}}。$$

练　习

1. 把下列根式写成分数指数幂的形式：

(1) $\sqrt[5]{a^3}=$________；　(2) $\frac{1}{\sqrt[5]{a^3}}=$________；

(3) $3\sqrt{3}=$________；　(4) $25\sqrt{5}=$________。

2. 计算：

(1) $(-125)^{\frac{1}{3}}$；　(2) $\left(\frac{16}{625}\right)^{-\frac{1}{4}}$；　(3) $0.0001^{-\frac{1}{4}}$。

3. 计算：$\sqrt{2}\times\sqrt[3]{8}\times\sqrt[4]{64}$。

4. 化简：

(1) $\sqrt[3]{\frac{b^2}{a^2}}\cdot\sqrt[3]{a}\cdot\sqrt[3]{a^2b}$；　(2) $\sqrt[3]{\frac{64a^3b^6}{27(a^2b)^3}}$。

习　题

1. 填空题：

(1) $(-\sqrt{2})^0=$________；　(2) $\left(-\frac{1}{3}\right)^{-2}=$________；

(3) $\left(\frac{1}{8}\right)^{-3}=$________；　(4) $256^{\frac{3}{8}}=$________。

2. 将下列各式写成幂的形式：

(1) $\sqrt[9]{b^4}=$________；　(2) $\frac{\sqrt{3}}{3}=$________；

(3) $\sqrt[3]{2\sqrt{2}}=$________；　(4) $\sqrt[3]{(a+b)^2}=$________；

(5) $\sqrt[5]{x^3y^2}=$________；　(6) $\sqrt[6]{x^2+y^2}=$________。

3. 计算：

(1) $\sqrt{2\sqrt{2\sqrt{2}}}$；　(2) $\sqrt{5}\times(5\sqrt{5})^2\times\left(\frac{\sqrt{5}}{5}\right)^3$；

(3) $(a^{\frac{1}{5}}\cdot a^{-\frac{1}{2}})^{-10}\cdot(a^2\cdot a^{-2})^{-1}$；

(4) $(a^{\frac{1}{3}}+b^{\frac{1}{3}})\cdot(a^{\frac{2}{3}}-a^{\frac{1}{3}}b^{\frac{1}{3}}+b^{\frac{2}{3}})$。

4. 计算：

(1) $0.16^{-3}\times256^{\frac{1}{8}}\times5^{-3}$；

(2) $81^{\frac{3}{4}}\times3^{-2}+\left(\frac{\sqrt{2}}{2}\right)^{-4}\times(-0.001)^0$。

5. 化简下列各式：

(1) $\sqrt[4]{a^2b^4}\cdot\sqrt[6]{a^3b^{12}}$；　　(2) $\sqrt[3]{\dfrac{8a^5b^7}{125(ab^2)^2}}$；

(3) $\dfrac{\sqrt[6]{a^3b^3}\cdot\sqrt[6]{a^4b^3}}{\sqrt[6]{a^2b^5}}$。

5.2　指数函数

探究

某种生物在细胞分裂时，由 1 个分裂成 2 个，2 个分裂成 4 个，3 个分裂成 8 个，……，分裂 x 次后，得到的细胞个数为 y，如表 5-2-1 所示。

表 5-2-1

分裂次数 x/次	1	2	3	4	5	…
细胞个数 y	2	4	8	16	32	…

试写出细胞个数 y 与分裂次数 x 之间的函数关系式。

上面这个例子的函数解析式有一个特点——底数是常数，指数是变量。有这个特点的函数就称为指数函数。

思考

5.2　指数函数

一般地，形如

$$y=a^x\ (a>0 \text{ 且 } a\neq 1)$$

的函数叫作指数函数。其中 x 为自变量，a 为常数，指数函数的定义域为 **R**。

例如，函数 $y=2^x$，$y=\left(\frac{1}{2}\right)^x$，$y=10^x$，$y=\left(\frac{1}{10}\right)^x$ 等都是指数函数。$y=\left(\frac{1}{3}\right)^{-x}=3^x$ 也是指数函数。

练　习

指出下列函数中哪些是指数函数：

$y=4^x$；　$y=x$；　$y=x^{-1}$；　$y=4^{-x}$；　$y=x^2$；　$y=\mathrm{e}^x$。

下面我们通过几个指数函数的图像，找出指数函数的图像特征，从而得出指数函数的性质。

例 1　在平面直角坐标系中，作出指数函数 $y=2^x$ 和 $y=\left(\frac{1}{2}\right)^x$ 的图像。

解　对于以上两个函数，其定义域都是实数集 **R**，列出 x，y 的对应值表。如表 5-2-2所示。

表 5-2-2

x	…	-3	-2	-1	0	1	2	3	…
$y=2^x$	…	$\frac{1}{8}$	$\frac{1}{4}$	$\frac{1}{2}$	1	2	4	8	…
$y=\left(\frac{1}{2}\right)^x$	…	8	4	2	1	$\frac{1}{2}$	$\frac{1}{4}$	$\frac{1}{8}$	…

描点作图如图 5-2-1 所示。

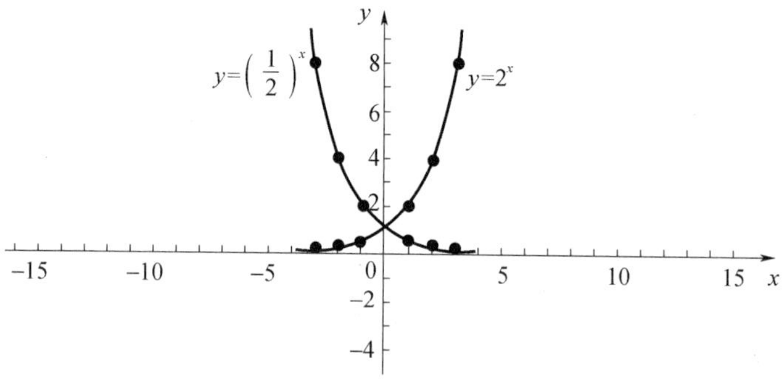

图 5-2-1

练 习

在平面直角坐标系中，作出指数函数 $y=3^x$ 和 $y=\left(\frac{1}{3}\right)^x$ 的图像。

探究

观察指数函数 $y=2^x$ 与 $y=\left(\frac{1}{2}\right)^x$，$y=3^x$ 与 $y=\left(\frac{1}{3}\right)^x$ 的图像。

（1）对于指数函数 $y=a^x$（$a>0$ 且 $a\neq1$），当 a 在不同范围变化时，指数函数的定义域、值域、与 y 轴交点会不会发生变化？

（2）当 a 在哪个范围变化时，函数图像是上升的？

（3）当 a 在哪个范围变化时，函数图像是下降的？

一般地，指数函数 $y=a^x$（$a>0$ 且 $a\neq1$）的图像及性质如表 5-2-3 所示。

表 5-2-3

指数函数 $y=a^x$ 的图像及性质	
$a>1$	$0<a<1$
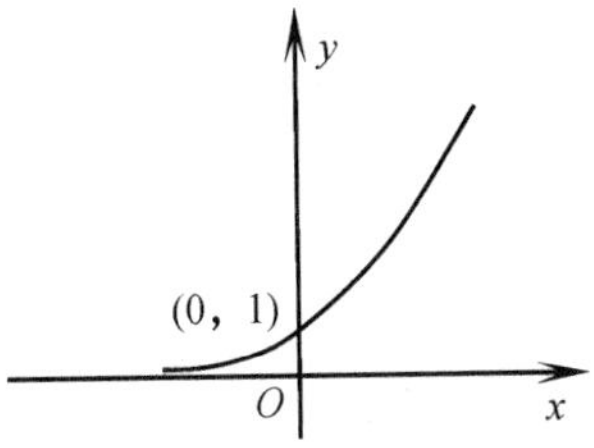 	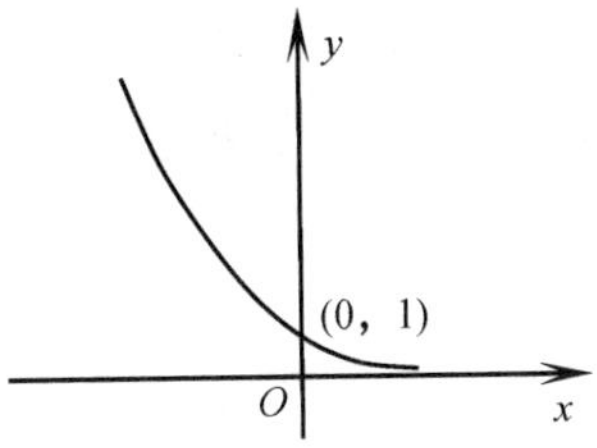
(1) 定义域是 **R**； (2) 值域是 $(0, +\infty)$； (3) 图像都经过 $(0, 1)$ 点； (4) 图像自左向右逐渐上升	(1) 定义域是 **R**； (2) 值域是 $(0, +\infty)$； (3) 图像都经过 $(0, 1)$ 点； (4) 图像自左向右逐渐下降

例 2　用指数函数的单调性，比较下列各题中两个值的大小。

(1) $3^{\frac{1}{2}}$ 与 $3^{\frac{1}{3}}$；　　(2) 0.4^{-1} 与 0.4^{-2}；

(3) $10^{\frac{2}{3}}$ 与 1；　　(4) 0.6^{-2} 与 1。

解　(1) 考察函数 $y=3^x$，

因为 $y=3^x$ 是增函数，且 $\frac{1}{2}>\frac{1}{3}$

所以 $3^{\frac{1}{2}}>3^{\frac{1}{3}}$。

(2) 考察函数 $y=0.4^x$，

因为 $y=0.4^x$ 是减函数，且 $-1>-2$

所以 $0.4^{-1}<0.4^{-2}$。

(3) 考察函数 $y=10^x$，

因为 $y=10^x$ 是增函数，且 $10^0=1$，而 $\frac{2}{3}>0$

所以 $10^{\frac{2}{3}}>10^0$。

即 $10^{\frac{2}{3}}>1$。

(4) 考察函数 $y=0.6^x$，

因为 $y=0.6^x$ 是减函数，且 $0.6^0=1$，而 $-2<0$

所以 $0.6^{-2}>0.6^0$。

即 $0.6^{-2}>1$。

例 3　求适合下列各式的 x 值：

(1) $3^x=1$；　　(2) $2^{2x^2+1}>2^{x^2+2}$；

(3) $8\times 2^x\leqslant 4^{2x}$。

解　(1) 由 $3^x=1$，得 $3^x=3^0$

所以 $x=0$。

(2) 由 $2^{2x^2+1}>2^{x^2+2}$，得 $2x^2+1>x^2+2$，

即 $x^2>1$，$|x|>1$，

所以 $x<-1$ 或 $x>1$。

(3) 由 $8\times2^x\leqslant4^{2x}$，得 $2^3\times2^x\leqslant4^{2x}$，$2^{3+x}\leqslant2^{4x}$，

即 $3+x\leqslant4x$，

所以 $x\geqslant1$。

例 4　已知指数函数 $y=a^x$（$a>0$ 且 $a\neq1$）的图像经过点（2，4）。

(1) 求函数的解析式；

(2) 求当 $x=1$，3 时的函数值。

解　(1) 函数图像经过点（2，4），即 $a^2=4$，所以 $a=2$。

因此函数的解析式为 $y=2^x$。

(2) 当 $x=1$ 时，$y=2^1=2$；当 $x=3$ 时，$y=2^3=8$。

练　习

1. 下列函数中哪些是增函数，哪些是减函数：

(1) $y=3.5^x$；　　(2) $y=3^{-x}$；

(3) $y=\left(\frac{3}{4}\right)^x$；　　(4) $y=\left(\frac{4}{3}\right)^x$。

2. 比较下列各组数中两个数的大小：

(1) $1.5^{0.5}$与$1.5^{0.6}$；　　(2) $0.5^{-0.1}$与$0.5^{-0.2}$。

3. 求出下列各式中的 x：

(1) $2^{3x}<\frac{1}{16}$；　　(2) $\left(\frac{1}{5}\right)^{2x-1}>\frac{1}{25}$。

4. 已知指数函数 $y=a^x$（$a>0$ 且 $a\neq1$）的图像经过点（3，27）。

(1) 求函数的解析式；

(2) 求当 $x=1$，4 时的函数值。

习　题

1. 填空：

(1) 指数函数 $y=a^x$ 中，a 的取值范围是________。

(2) 函数 $y=\left(\frac{1}{3}\right)^x$ 的定义域是________，值域是________。

(3) 函数 $y=3^x$ 中，当 $x>0$ 时，y 的取值范围是________；当 $x=0$ 时，y 的取值范围是________；当 $x<0$ 时，y 的取值范围是________。

(4) $y=a^x$ 是减函数，则 a 的取值范围是________。

2. 比较下列各组数中，两个值的大小：

(1) $6^{-0.7}$ 与 $6^{0.7}$；　　(2) $0.4^{-1.2}$ 与 $0.4^{-0.2}$；

(3) 8^{-5} 与 $8^{-5.1}$；　　(4) $0.8^{-\frac{1}{2}}$ 与 $0.8^{-\frac{1}{3}}$。

3. 求下列各式中的 x 值：

(1) $\left(\frac{4}{9}\right)^x=\left(\frac{3}{2}\right)^3$；　　(2) $3^{4x-1}>9^{x+1}$；

(3) $4^x<\left(\frac{1}{2}\right)^{3x}$；　　(4) $4^{x-3}\leqslant 0$；

(5) $4^x+2^{x+1}-3=0$。

4. 确定下列各式中 x 的符号：

(1) $\left(\frac{1}{10}\right)^x=0.01^{-2}$；　　(2) $10^x=9$；

(3) $\left(\frac{7}{3}\right)^x=0.5$；　　(4) $\left(\frac{1}{5}\right)^x=\frac{1}{10}$。

5.3　对　　数

5.3.1　对数的概念

探究

一个企业每年产值的增长率为 5%，那么要经过多少年它的产值可以翻两番（即增长到原来的产值的 $2^2=4$ 倍）？

设经过 x 年这个企业的产值可以翻两番，于是得到

$$(1+5\%)^x=4$$

这就需要求出 x 的值。

前面提到的细胞分裂问题，若要知道细胞经过多少次分裂可以达到原来的 100 倍，这就需要求出 $2^x=100$ 中的 x 值。

从上面的两个例子，我们知道，对于一个指数式 $a^b=N$，如果已知 a 和 N，要求出 b，这是一种新的计算方法，也就是下面我们要学习的计算方法——对数。

1. 对数

我们知道，$2^5=32$，这时称 5 是以 2 为底与 32 对应的指数；$2^{\frac{1}{2}}=\sqrt{2}$，称 $\frac{1}{2}$ 是以 2 为底与 $\sqrt{2}$ 对应的指数；$10^{-1}=0.1$，称 -1 是以 10 为底与 0.1 对应的指数。

一般地，$a^b=N$（$a>0$ 且 $a\neq 1$），b 叫作以 a 为底与 N 对应的指数，把这个对应的指数称为对数。记作 $b=\log_a N$，读作 b 是以 a 为底 N 的对数。其中 a 叫作对数的底数，简称底；N 叫作对数的真数，简称真数。

按照上述定义，可以把 $2^5=32$ 写成 $\log_2 32=5$；$2^{\frac{1}{2}}=\sqrt{2}$ 写成 $\log_2\sqrt{2}=\frac{1}{2}$；$10^{-1}=0.1$ 写成 $\log_{10}0.1=-1$。

一般地，可把 $a^b=N$（$a>0$ 且 $a\neq1$）写成 $\log_a N=b$，反过来，也可以把 $\log_a N=b$（$a>0$ 且 $a\neq1$）写成 $a^b=N$，这两类等式表示了 a、b、N 之间的同一种关系。

$$即\ a^b=N\Leftrightarrow\log_a N=b$$

其中 $a^b=N$ 称为指数式，$\log_a N=b$ 称为对数式。

例 1　把下列指数式写成对数式：

（1）$0.81^{\frac{1}{2}}=0.9$；　　（2）$3^{-2}=\frac{1}{9}$。

解　（1）$0.81^{\frac{1}{2}}=0.9$ 可写成 $\log_{0.81}0.9=\frac{1}{2}$；

（2）$3^{-2}=\frac{1}{9}$ 可写成 $\log_3\frac{1}{9}=-2$。

例 2　把下列对数式写成指数式：

（1）$\log_2 8=3$；　　（2）$\log_{10}0.0001=-4$。

解　（1）$\log_2 8=3$ 可写成 $2^3=8$；

（2）$\log_{10}0.0001=-4$ 可写成 $10^{-4}=0.0001$。

例 3　已知 $\log_{10}N=-2$，求 N。

解　$\log_{10}N=-2$ 可写成 $10^{-2}=N$；

即 $N=10^{-2}=0.01$。

2. 对数的性质及对数的恒等式

在实数集 **R** 中，正数的任何次幂都是正数，即 $a^b=N>0$，所以不论对怎样的实数 b，N 总是正数，从而有下面的性质。

性质 1：零和负数没有对数，即在 $\log_a N$ 中，$N>0$。

由指数式 $a^1=a$ 和 $a^0=1$（$a>0$ 且 $a\neq1$）写成对数式 $\log_a a=1$，以及 $\log_a 1=0$，得到

性质 2：底的对数等于 1，即 $\log_a a=1$。

性质 3：1 的对数等于 0，即 $\log_a 1=0$。

由于 $a^b=N$（$a>0$ 且 $a\neq1$）可表示成 $\log_a N=b$。

把后式代入前式有

$$a^{\log_a N}=N$$

此式为对数的恒等式。

例 4　计算 $\log_2 2+\log_{\frac{1}{2}}1+2^{2+\log_2 5}$。

解　原式 $=1+0+2^2\times2^{\log_2 5}=1+4\times5=21$。

练　习

1. 把下列指数式写成对数式：

(1) $10^{-2}=0.01$；　　(2) $2^1=2$；

(3) $5^3=125$；　　(4) $8^{\frac{2}{3}}=4$。

2. 把下列对数式写成指数式：

(1) $\log_3 3=1$；　　(2) $\log_{\frac{1}{2}} 1=0$；

(3) $\log_{\sqrt{3}} 9=4$；　　(4) $\log_8 2=\frac{1}{3}$。

3. 计算 $\log_{0.5} 0.5+\log_{0.5} 1+0.5^{1+\log_{0.5} 2.5}$。

5.3.2　对数的运算

根据对数的定义，可以把下列各个幂的运算法则（其中 $a>0$ 且 $a\neq 1$）表示成对数的形式。

$a^m\cdot a^n=a^{m+n}$ 表示成 $\log_a(a^m\cdot a^n)=m+n$；

$\frac{a^m}{a^n}=a^{m-n}$ 表示成 $\log_a\frac{a^m}{a^n}=m-n$；

$(a^m)^n=a^{m\cdot n}$ 表示成 $\log_a(a^m)^n=m\cdot n$。

令 $a^m=M$，$a^n=N$

即 $\log_a M=m$，$\log_a N=n$。

代入上面右侧的式子，便有如下的对数运算法则：

(1) $\log_a(M\cdot N)=\log_a M+\log_a N$；

(2) $\log_a\frac{M}{N}=\log_a M-\log_a N$；

(3) $\log_a M^n=n\log_a M$。

例 5　计算：

(1) $\log_{10}\sqrt[5]{100}+\log_2(4^7\times 2^5)$；

(2) $2\log_{20}2+\frac{1}{2}\log_{20}25$；

(3) $\frac{1}{4}\log_3 16-\log_3 18$。

解　(1) 原式 $=\log_{10}10^{\frac{2}{5}}+\log_2 4^7+\log_2 2^5$

$$=\frac{2}{5}\log_{10}10+\log_2 2^{14}+\log_2 2^5$$

$$=\frac{2}{5}+14+5$$

$$=19\frac{2}{5}。$$

（2）原式$=\log_{20}2^2+\log_{20}\sqrt{25}$

$=\log_{20}4+\log_{20}5$

$=\log_{20}20=1$。

（3）原式$=\log_3 16^{\frac{1}{4}}-\log_3 18$

$=\log_3 2^{4\times\frac{1}{4}}-\log_3(2\times9)$

$=\log_3\dfrac{2}{2\times9}=\log_3 3^{-2}=-2$。

例 6　用$\log_a x$，$\log_a y$，$\log_a z$ 表示下列各式：

（1）$\log_a\dfrac{x^2y^3}{\sqrt{z}}$；　　　　（2）$\log_a\dfrac{\sqrt[5]{x^3}}{y^2\sqrt{z}}$。

解　（1）$\log_a\dfrac{x^2y^3}{\sqrt{z}}=\log_a x^2y^3-\log_a\sqrt{z}$

$=\log_a x^2+\log_a y^3-\log_a z^{\frac{1}{2}}$

$=2\log_a x+3\log_a y-\dfrac{1}{2}\log_a z$。

（2）$\log_a\dfrac{\sqrt[5]{x^3}}{y^2\sqrt{z}}=\log_a x^{\frac{3}{5}}-\log_a y^2-\log_a z^{\frac{1}{2}}$

$=\dfrac{3}{5}\log_a x-2\log_a y-\dfrac{1}{2}\log_a z$。

思考

5.3　对数

另外，我们把以 10 为底的对数叫作常用对数，N（$N>0$）的常用对数 $\log_{10}N$ 可简记为 $\lg N$，如 $\log_{10}2$ 记为 $\lg2$。

以 e 为底的对数叫作自然对数，N（$N>0$）的自然对数 $\log_e N$ 可简记为 $\ln N$。如$\log_e 2$ 记为 $\ln2$，其中 $e=2.71828\cdots\cdots$为无理数。它在科学研究和工程计算中被经常使用。

对于常用对数有

$$\vdots$$
$$\lg1000=\lg10^3=3$$
$$\lg100=\lg10^2=2$$
$$\lg10=\lg10^1=1$$
$$\lg1=\lg10^0=0$$
$$\lg0.1=\lg10^{-1}=-1$$
$$\lg0.01=\lg10^{-2}=-2$$
$$\lg0.001=\lg10^{-3}=-3$$
$$\vdots$$

因此，10 的整数次幂的常用对数是一个整数，即 $\lg10^n=n$（n 是整数）。

练　习

1. 用$\log_a x$，$\log_a y$，$\log_a z$ 表示下列各式：

（1）$\log_a xyz$；　　（2）$\log_a \frac{xy^2}{z}$；

（3）$\log_a \frac{x^3y^2}{\sqrt[3]{z}}$；　　（4）$\log_a \frac{\sqrt[3]{x^2y}}{xz^3}$。

2. 计算：

（1）$\lg 0.0001$；　　（2）$\lg 100^3$；

（3）$\log_3(9\times 81^2)$；　　（4）$\log_7\sqrt{49^3}$。

3. 计算：

（1）$\log_3(\log_6 216)$；　　（2）$\log_2 6-\log_2 3$；

（3）$\lg 25+\lg\frac{1}{25}$；　　（4）$\log_3 5-\log_3 15$。

习　题

1. 用对数形式表示 x，并化简：

（1）$25^x=5$；　　（2）$\left(\frac{1}{6}\right)^x=1$；

（3）$0.01^x=0.001$；　　（4）$4^x=64$；

（5）$a^x=\frac{1}{a}$；　　（6）$\left(\frac{1}{7}\right)^x=49$。

2. 把下列各对数式写成指数式：

（1）$x=\log_7 49$；　　（2）$x=\log_5 3$；

（3）$x=\log_{\sqrt{2}} 8$；　　（4）$x=\log_a\sqrt{a}$（$a>0$ 且 $a\neq 1$）。

3. 用 $\lg x$，$\lg y$，$\lg z$ 表示下列各式：

（1）$\lg\frac{x^2yz^{\frac{1}{2}}}{\sqrt[3]{xy}}$；　　（2）$\lg\frac{\sqrt[4]{x^3y^5}}{z}$。

4. 计算：

（1）$\log_3 2+\log_3\frac{1}{2}$；　　（2）$\log_2 18-\log_2 9$；

（3）$2\log_5 10+\log_5 0.25$；　　（4）$\lg\frac{1}{4}-\lg 250$。

5. 计算：

（1）$\lg 5+\lg 25+\frac{2}{3}\lg 8+\lg 2$；

（2）$\log_{25}5+\log_{\frac{1}{5}}5+\log_{\sqrt{5}}5$；

（3）$\log_8\log_2 256-\log_7\log_2 128$；

（4）$\lg 8000+\lg 125-\lg 100$。

5.4　对数函数

5.4.1　对数函数的概念

我们已经知道，细胞个数 y 是分裂次数 x 的函数，即 $y=2^x$；反过来，要求一个细胞经过多少次分裂才能达到 1 万个细胞，那么分裂次数 x 就是细胞个数 y 的函数，由指数式化为对数式，这个函数可以写成

$$x=\log_2 y。$$

习惯上，用 x 表示自变量，y 表示函数，这个函数就是 $y=\log_2 x$。

一般地，形如 $y=\log_a x$（$a>0$ 且 $a\neq1$）的函数称为对数函数。

例如，$y=\log_3 x$，$y=\log_{\frac{1}{3}}x$，$y=\lg x$，$y=\log_{10}x$，$y=\ln x$ 等都是对数函数。

对数函数的定义域是（0，$+\infty$）。

下面研究对数函数的图像及图像的特征。

先作出 $y=\log_2 x$ 与 $y=\log_{\frac{1}{2}}x$，$y=\log_3 x$ 与 $y=\log_{\frac{1}{3}}x$ 的图像。

解　在定义域（0，$+\infty$）内列出 x，y 的对应值见表 5-4-1 和表 5-4-2：

表 5-4-1

x	…	$\frac{1}{4}$	$\frac{1}{2}$	1	2	4	…
$y=\log_2 x$	…	-2	-1	0	1	2	…
$y=\log_{\frac{1}{2}}x$	…	2	1	0	-1	-2	…

表 5-4-2

x	…	$\frac{1}{9}$	$\frac{1}{3}$	1	3	9	…
$y=\log_3 x$	…	-2	-1	0	1	2	…
$y=\log_{\frac{1}{3}}x$	…	2	1	0	-1	-2	…

用光滑的曲线将上表中各对应点连接起来，得到图 5-4-1 所示函数曲线：

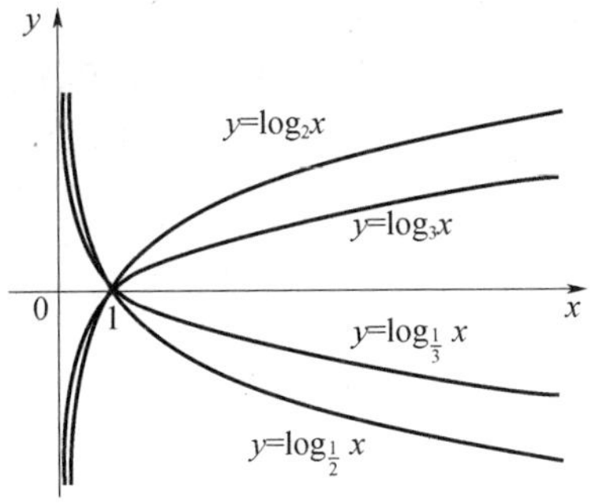

图 5-4-1

一般地，对数函数的图像的特征如表 5-4-3 所示。

表 5-4-3

函数 $y=\log_a x$ 图像特征	
$a>1$	$0<a<1$
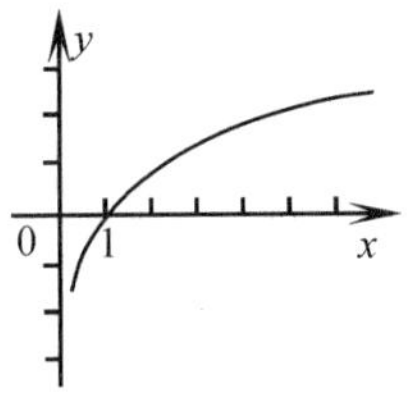	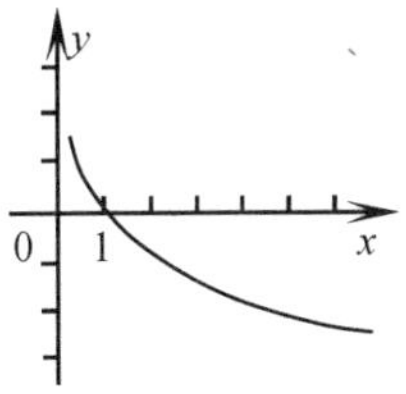
（1）图像都在 y 轴的右侧； （2）图像都过（1，0）点； （3）图像自左向右逐渐上升	（1）图像都在 y 轴的右侧； （2）图像都过（1，0）点； （3）图像自左向右逐渐下降

练　习

1. 请回答：函数 $y=\log_a x$ 在 $a>1$ 的图像中，当 x 取什么值时，$y>0$，$y=0$，$y<0$?

2. 请回答：函数 $y=\log_a x$ 在 $0<a<1$ 图像中，当 x 取什么值时，$y>0$，$y=0$，$y<0$?

5.4.2　对数函数的性质

由对数函数的定义及图像特征，我们得到对数函数的性质

（1）定义域是（0，$+\infty$），值域是（$-\infty$，$+\infty$）。

（2）$a>1$ 时，在（0，$+\infty$）内是增函数；$0<a<1$ 时，在（0，$+\infty$）内是减函数。

（3）$a>1$ 时，当 $0<x<1$，$y<0$；当 $x\geqslant 1$，$y\geqslant 0$。

$0<a<1$ 时，当 $0<x<1$，$y>0$；当 $x\geqslant 1$，$y\leqslant 0$。

例 1　比较下列各题中两个对数的大小：

（1）$\log_5 1.5$ 与 $\log_5 1.6$；　（2）$\log_{\frac{1}{5}} 0.1$ 与 $\log_{\frac{1}{5}} 0.2$；

（3）$\log_{\frac{5}{6}} \frac{3}{5}$ 与 0；　（4）$\log_{0.1} 0.3$ 与 1。

解　（1）考察函数 $y=\log_5 x$，

因为 $a=5>1$，

所以 $y=\log_5 x$ 是增函数。

又因为 $1.5<1.6$，

所以 $\log_5 1.5<\log_5 1.6$。

（2）考察函数 $y=\log_{\frac{1}{5}} x$，

因为 $a=\frac{1}{5}<1$，

所以 $y=\log_{\frac{1}{5}} x$ 是减函数。

又因为 $0.1<0.2$，

所以 $\log_{\frac{1}{5}} 0.1>\log_{\frac{1}{5}} 0.2$。

（3）考察函数 $y=\log_{\frac{5}{6}} x$，并且 $y=\log_{\frac{5}{6}} 1=0$

因为 $a=\frac{5}{6}<1$，

所以 $y=\log_{\frac{5}{6}} x$ 是减函数。

又因为 $\frac{3}{5}<1$，

所以 $\log_{\frac{5}{6}} \frac{3}{5}>\log_{\frac{5}{6}} 1$。

即 $\log_{\frac{5}{6}} \frac{3}{5}>0$。

（4）考察函数 $y=\log_{0.1} x$，并且 $\log_{0.1} 0.1=1$

因为 $a=0.1<1$，

所以 $y=\log_{0.1} x$ 是减函数。

又因为 $0.3>0.1$，

所以 $\log_{0.1} 0.3<\log_{0.1} 0.1$。

即 $\log_{0.1} 0.3<1$。

例 2　解下列不等式：

（1）$\log_{\frac{1}{2}} x>0$；　（2）$\log_2 x>1$；

（3）$\log_{x-1} 8>\log_{x-1} 3$；　（4）$\log_3 (3x-4)<\log_3 (2-x)$。

解　（1）将不等式两边化为同底的对数，得

$$\log_{\frac{1}{2}} x>\log_{\frac{1}{2}} 1。$$

得不等式组：$\begin{cases} x<1 \\ x>0 \end{cases}$

即该不等式的解为 $0<x<1$。

（2）将不等式的两边化为同底对数，得

$$\log_2 x > \log_2 2。$$

即 $x>2$。

（3）因为$\log_{x-1}8>\log_{x-1}3$，而 $8>3$

所以 $x-1>1$，

即 $x>2$。

（4）因为$\log_3(3x-4)<\log_3(2-x)$，得不等式组

$$\begin{cases}3x-4>0\\2-x>0\\3x-4<2-x\end{cases}$$

解此不等式组，得

$$\frac{4}{3}<x<\frac{3}{2}。$$

例 3　求下列函数的定义域：

（1）$y=\log_{\frac{1}{2}}x^2$；　　（2）$y=\sqrt{\log_3 x-1}$；

（3）$y=\dfrac{1}{\ln(3x+1)}$。

例题

5.4　对数函数

解　（1）因为 $x^2>0$，得

$$x\neq 0,$$

所以该函数定义域是 $(-\infty,0)\cup(0,+\infty)$。

（2）由题得不等式组

$$\begin{cases}\log_3 x-1\geqslant 0\\x>0\end{cases}$$

得

$$\begin{cases}\log_3 x\geqslant 1\\x>0\end{cases}$$

解得 $x\geqslant 3$。

所以该函数定义域是 $[3,+\infty)$。

（3）由题得不等式组

$$\begin{cases}\ln(3x+1)\neq 0\\3x+1>0\end{cases}$$

得

$$\begin{cases}3x+1\neq 1\\x>-\dfrac{1}{3}\end{cases}$$

解得 $x\neq 0$ 且 $x>-\dfrac{1}{3}$。

所以该函数定义域是$\left(-\dfrac{1}{3},0\right)\cup(0,+\infty)$。

练　习

1. 比较下列两个数的大小：

（1）$\log_3 0.3$ 与 $\log_3 \frac{3}{5}$；　　（2）$\log_{0.3} 3$ 与 $\log_{0.3} \frac{1}{3}$；

（3）$\log_{\frac{1}{4}} 2$ 与 1；　　（4）$\log_2 0.2$ 与 0。

2. 解下列不等式：

（1）$\log_3 x > 0$；　　（2）$\log_{0.3} x \leqslant 1$。

习　题

1. 选择题：

（1）下列对数中 $a>1$ 的是（　　）。

A. $\log_a 4.5 < 0$　　B. $\log_a 4.5 > 0$

C. $\log_a \frac{1}{4} < 0$　　D. $\log_a 4 < 0$

（2）下列对数中是正数的是（　　）。

A. $\log_{0.2} 3$　　B. $\log_2 0.3$

C. $\log_{0.2} 0.3$　　D. $\log_{\frac{1}{\pi}} \pi$

2. 解下列不等式：

（1）$\log_2(2x-1) < 0$；　　（2）$\log_{\frac{1}{2}}(2x-1) \geqslant 0$；

（3）$\log_2(2x+1) < \log_2(3x-1)$。

3. 求下列函数的定义域：

（1）$y=\log_2(1-2x)$；　　（2）$y=\log_{\frac{1}{2}}(1+4x)$；

（3）$y=\log_3(x^2-x-2)$；　　（4）$y=\log_{\frac{1}{3}}(2-x-x^2)$；

（5）$y=\frac{1}{\log_3 x}$；　　（6）$y=\sqrt{1-\log_{\frac{1}{4}} x}$。

5.5　指数函数与对数函数的应用

指数函数与对数函数在经济学、生物学、电学和核物理学中有着重要作用。下面我们着重在经济方面举一些例子。

例 1　1995 年我国人口总数是 12 亿人，如果人口的自然增长率控制在 1.25%，问哪一年人口总数将达到 14 亿人？（$\lg 7 \approx 0.8451$，$\lg 6 \approx 0.7782$，$\lg 1.0125 \approx 0.0054$）

解　设 x 年后人口总数达到 14 亿人，依题意得

$$12(1+0.0125)^x = 14,$$

即 $1.0125^x=\frac{7}{6}$。

两边取常用对数，得

$$x\lg 1.0125=\lg 7-\lg 6,$$

即 $x=\frac{\lg 7-\lg 6}{\lg 1.0125}=\frac{0.8451-0.7782}{0.0054}\approx 12.4$。

答：约 13 年后，即 2008 年我国人口总数将达到 14 亿人。

例 2　按复利计算利率的一种储蓄，本金为 a 元，每期利率为 r，设本息和为 y，存期为 x，写出本息和随存期 x 变化的函数解析式。如果存入本金 1000 元，每期利率 8%，试计算 5 期后的本息和是多少?

分析：在银行业务中，有两种计息方法，单利与复利。单利计息是指在储蓄过程中，前一期利息在下一期中不生息；而复利计息，是指本利都生息，即把前一期的利息和本金加在一起算作本金，再计算下一期利息。

解　已知本金为 a 元。

1 期后本息和：$y_1=a+ar=a(1+r)$

2 期后本息和：$y_2=a(1+r)+a(1+r)r=a(1+r)^2$

3 期后本息和：$y_3=a(1+r)^2+a(1+r)^2r=a(1+r)^3$

……

x 期后本息和：$y=a(1+r)^x$。

将 $a=1000$，$r=8\%=0.08$，$x=5$ 代入上式得

$$y=1000(1+0.08)^5=1469.32\text{（元）}。$$

答：复利函数式为 $y=a(1+r)^x$，5 期后的本息和为 1469.32 元。

在实际问题中，常常遇到有关平均增长率的问题，如果原来产值为 N，平均增长率为 p，对于时间 x 的总产值为 y，有下面的公式：

$$y=N(1+p)^x$$

例 3　某工厂今年的年利润收入为 1000 万元，如果年利润收入平均增长率为 6%，那么经过几年后它的年利润收入可以翻两番?（结果保留整数，$\lg 2\approx 0.3010$，$\lg 1.06\approx 0.0253$）

解　设经过 x 年后工厂年利润收入为 y，则

$$y=1000(1+6\%)^x=4000,$$

得，$1.06^x=4$。

两边取常用对数，得

$$\lg 1.06^x=\lg 4,$$

即 $x\lg 1.06=2\lg 2$。

所以 $x=\frac{2\lg 2}{\lg 1.06}=\frac{2\times 0.3010}{0.0253}\approx 24$。

答：大约经过 24 年后，这个工厂年利润收入可以翻两番。

练 习

1. 一种产品的年产量原来是 a 件，在今后的 m 年内，计划使年产量平均每年比上一年增加 $p\%$，写出年产量随年数变化的函数关系式。

2. 一种产品的成本原来是 a 元，在今后的 m 年内，计划成本比上一年降低 $p\%$，写出成本随着年数变化的函数关系式。

习 题

1. 一个乡去年粮食平均每公顷产量是 6125 千克，从今年起的 5 年内，计划平均每年比上一年提高 7%，问经过几年可以提高到每公顷 7500 千克？（结果保留整数）

2. 仓库库存的某种商品价值是 50 万元，如果每年的损耗率是 4.5%，问经过几年，它的价值降为 20 万元？

3. 已知镭经过 100 年剩留原来质量的 95.76%，计算它约经过多少年剩留原来的一半？（结果保留整数）

回顾与小结

一、指数幂的公式

1. $a^{\alpha}\cdot a^{\beta}=a^{\alpha+\beta}$；

2. $a^{\frac{m}{n}}=\sqrt[n]{a^{m}}$；

3. $(a^{\alpha})^{\beta}=a^{\alpha\beta}$；

4. $(a\cdot b)^{\alpha}=a^{\alpha}\cdot b^{\alpha}$（$\alpha$ 为任意实数，$a>0$，$b>0$）；

5. $a^{0}=1$（$a\neq 0$）；

6. $a^{-\frac{m}{n}}=\dfrac{1}{a^{\frac{m}{n}}}$（$a>0$，$m$，$n\in\mathbf{N}_{+}$，$n>1$）。

二、指数式与对数式相互转化

$$a^{b}=N\Leftrightarrow b=\log_{a}N\ （a>0，且\ a\neq 1）$$

三、对数运算性质

1. $\log_{a}a=1$；

2. $\log_{a}1=0$；

3. $\log_{a}MN=\log_{a}M+\log_{a}N$；

4. $\log_{a}\dfrac{M}{N}=\log_{a}M-\log_{a}N$；

5. $\log_{a}M^{n}=n\log_{a}M$。

四、指数函数的性质

1. 定义域是 $(-\infty,+\infty)$，值域是 $(0,+\infty)$。

2. $a>1$ 时，在定义域内为增函数；$0<a<1$ 时在定义域内为减函数。

3. $a>1$ 时，当 $x\geqslant 0$，$y\geqslant 1$；当 $x<0$，$0<y<1$。$0<a<1$ 时，当 $x>0$，$0<y<1$；当 $x\leqslant 0$，$y\geqslant 1$。

五、对数函数的性质

1. 定义域是 $(0, +\infty)$，值域是 $(-\infty, +\infty)$。

2. $a>1$ 时，在 $(0, +\infty)$ 内是增函数；$0<a<1$ 时，在 $(0, +\infty)$ 内是减函数。

3. $a>1$ 时，当 $0<x<1$，$y<0$；当 $x\geqslant 1$，$y\geqslant 0$。$0<a<1$ 时，当 $0<x<1$，$y>0$；当 $x\geqslant 1$，$y\leqslant 0$。

复习题

1. 填空题：

(1) $8^{-1}=$________，$8^{\frac{2}{3}}=$________，$8^{-\frac{2}{3}}=$________，$8^{0}=$________。

(2) $\left(\frac{9}{16}\right)^{-1}=$________，$\left(\frac{9}{16}\right)^{-\frac{1}{2}}=$________，$\left(\frac{9}{16}\right)^{\frac{1}{2}}=$________，$\left(\frac{9}{16}\right)^{0}=$________。

(3) $0.1^{-1}=$________，$0.1^{-2}=$________，$0.1^{2}=$________，$0.1^{0}=$________。

(4) $3^{\frac{5}{3}}\times 3^{\frac{4}{3}}=$________。

(5) $\log_2 0.25=$________。

(6) $\log_{\frac{9}{16}}x=\frac{4}{3}$，则 $x=$________。

(7) 已知 $\lg 2=0.3010$，$\lg 3=0.4771$，则 $\lg 6=$________。

(8) $10^{\lg 3}=$________，$4^{\log_2 5}=$________。

(9) $\log_2 20-\log_2 10=$________。

(10) 函数 $y=\sqrt{\log_{\frac{1}{2}}(2x-1)}$ 的定义域是________。

2. 求下列各式的值：

(1) $5\times\sqrt{5}\times\sqrt[4]{5}\times\sqrt[8]{5}$；

(2) $64^{\frac{2}{3}}\times 4^{-2}-4^{-2}\times\left(2\frac{1}{4}\right)^{-\frac{1}{2}}$；

(3) $\lg 5-\lg 50$；

(4) $\log_5\frac{1}{3}+2\log_{\frac{1}{2}}\sqrt{2}-\log_3\frac{1}{27}-\log_5\frac{1}{15}$；

(5) $\log_2\left(\log_2 32-\log_2\frac{3}{4}+\log_2 6\right)$。

3. 求下列函数的定义域：

(1) $y=2^{\frac{1}{x}}$；

(2) $y=\sqrt{2^x}$；

(3) $y=\log_3(x-x^2)$；

(4) $y=\log_3(3^x-1)$；

(5) $y=\frac{1}{\lg(3x-1)}$；

(6) $y=\frac{\sqrt{1-x}}{\lg(2x-1)}$。

4. 解下列不等式：

(1) $3^{1+2x}>\frac{1}{3}$；

(2) $\left(\frac{1}{2}\right)^{x^2-5x}>4^{-3}$；

(3) $\ln(2x-5)>\ln(x-1)$；

(4) $\log_{0.1}(x+2)<\log_{0.1}(3x+1)$。

5. 解下列方程：

(1) $4^x-6\times2^x+8=0$；

(2) $\lg x+\lg(x+15)=2$。

第 6 章　任意角的三角函数

世界上的许多现象，如四季的更替，时钟分针的圆周运动，潮汐的起起落落……都表现出一定的周期性，本章将要学习的三角函数，就是刻画这种周期性的重要数学模型。

【本章学习目标】

学完本章内容，你将能够

◎ 用弧度制表示任意角

◎ 求任意角的三角函数

◎ 由已知三角函数值求角

6.1　角的概念的推广

我们知道，角是从一点引出的两条射线组成的图形。角还可以看成是平面内的一条射线绕着端点从一个位置旋转到另一个位置所形成的图形。

如图 6-1-1 所示，一条射线由原来的位置 OA，绕着它的端点 O 按逆时针（或顺时针）方向旋转到另一位置 OB 就形成角 α。

旋转开始位置的射线 OA 叫角 α 的始边，终止位置的射线 OB 叫作角 α 的终边，端点 O 叫作角 α 的顶点。

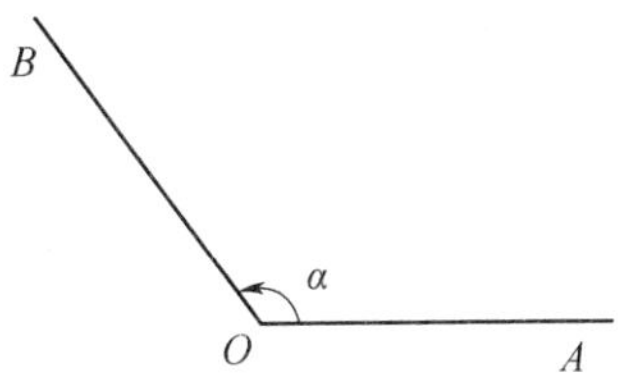

图 6-1-1

探究

（1）拧螺丝时，可按逆时针方向或顺时针方向旋转，螺丝刀从开始位置按顺时针方向旋转 135°与按逆时针方向旋转 135°意义是否相同？怎样区分这两个角呢？

（2）时钟的分针 15min 内转过的角度是 90°，1h 内转过的角度是 360°，1.5h 内转过的角度是多少呢？

在数学上，我们规定：一条射线绕着端点按逆时针方向旋转形成的角是正角；按顺时针方向旋转所形成的角是负角，射线没有作任何旋转仍留在开始的位置，叫零角。

为了方便，我们把任意大小的角放到平面直角坐标系中研究。让角的顶点与坐标原点 O 重合，角的始边与 x 轴的正半轴重合，规定：角的终边在第几象限就称这个角是第几象限角。角的终边在坐标轴上时，这个角不属于任何象限，称为非象限角。

如图 6-1-2 所示，始边为 Ox，终边分别为 OA，OB，OC，Oy 的角依次是第一象限角、第二象限角、第四象限角、非象限角。

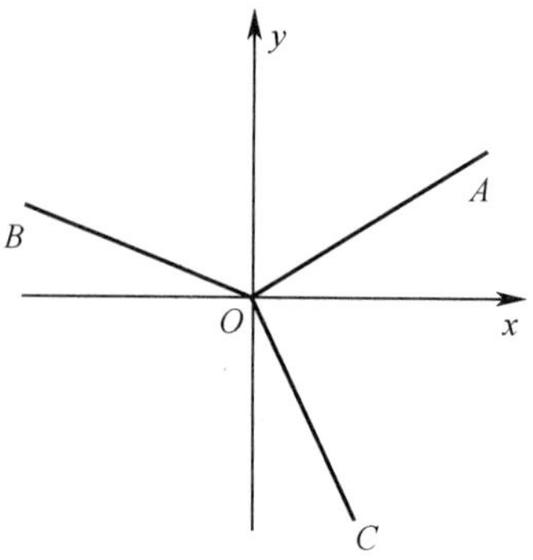

图 6-1-2

思考交流

锐角是第几象限角？第一象限角一定是锐角吗？如果是钝角呢？

思考

6.1.1　思考交流

练　习

1. 时钟的时针和分针 4h 内各转了多少度？
2. 在直角坐标系中做出下列各角：

(1) $120°$；　　(2) $210°$；　　(3) $-60°$；　　(4) $390°$。

接下来，我们学习表示终边相同的角的方法。

探究

(1) $30°$，$-330°$，$390°$分别是第几象限角？它们的终边位置有何关系？

(2) 你能写出与 $60°$终边相同的角 β 的表达式吗？

如图 6-1-3 所示，角 α，$\alpha+360°$，$\alpha-360°$，$\alpha+2\times360°$，$\alpha-2\times360°$……的终边相同。

一般地，所有与角 α 终边相同的角（包括角 α），可组成一个集合

$$\{\beta|\beta=\alpha+k\cdot360°,\ k\in\mathbf{Z}\}$$

即任意与角 α 终边相同的角，都可以表示成角 α 与周角整数倍的和的形式。

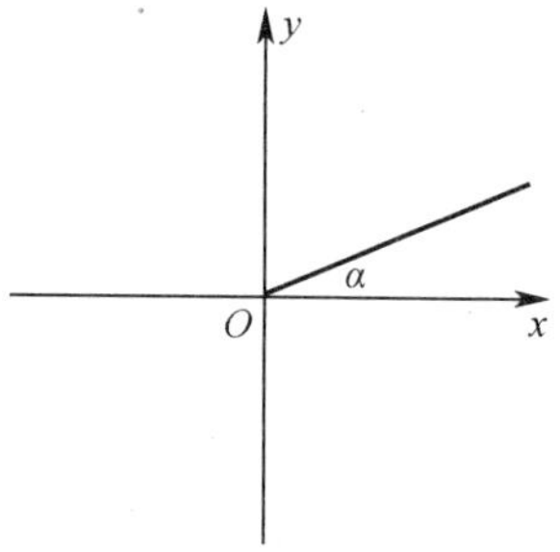

图 6-1-3

例 1　在 0°～360°，找出与下列各角终边相同的角，并判定各角所在的象限。

（1）1000°；　　　　　　（2）573°。

解　（1）因为 $1000°=280°+2\times360°$。

所以 1000°角和 280°角的终边相同。

又 280°角在第四象限，

所以 1000°角也在第四象限。

（2）因为 $573°=213°+360°$，

所以 573°角和 213°角的终边相同。

又 213°角在第三象限，

所以 573°角也在第三象限。

象限角的判断

6.1.2　象限角的判断

例 2　写出与下列各角终边相同的集合 S。

（1）60°；　　　　　　（2）−75°。

解　（1）$S=\{\beta|\beta=60°+k\cdot360°，k\in\mathbf{Z}\}$；

（2）$S=\{\beta|\beta=-75°+k\cdot360°，k\in\mathbf{Z}\}$。

练　习

1. 写出与下列各角终边相同的角的集合：

（1）72°；　　　　（2）−40°；　　　　（3）125°。

2. 在 0°～360°内，找出与下列各角终边相同的角，并分别指出它们是第几象限的角。

（1）−265°；　　　　（2）786°。

习　题

1. 下列命题正确的是（　　）。

A. 终边在 y 轴正半轴上的角是直角

B. 第二象限角一定是钝角

C. 第四象限角一定是负角

D. 锐角一定是第一象限角

2. 在直角坐标系中做出下列各角，并指出它们分别是第几象限角。

（1）750°；　　　　（2）−860°。

3. 与 120°终边相同的角是（　　）。

A. $-600°+k\cdot360°，k\in\mathbf{Z}$

B. $-120°+k\cdot360°，k\in\mathbf{Z}$

C. $120°+(2k+1)\cdot180°，k\in\mathbf{Z}$

D. $660°+k\cdot360°，k\in\mathbf{Z}$

4. 在 0°～360°内，找出与下列各角终边相同的角。

(1) $-55°$；　　(2) $880°$；　　(3) $-450°$。

5. 写出与下列各角终边相同的角的集合。

(1) $-45°$；　　(2) $375°$。

6. 与 1840°终边相同的最小正角是________，与－1840°终边相同的最小正角是________。

6.2　弧度制

我们已学过角的度量，就是将一个周角分成 360 等份，规定其中的每一等份为 1 度角。这种以“度”为单位来度量角的制度就叫作角度制。

在角度制下，一周角＝360°，一平角＝180°，一直角＝90°。

在数学和其他许多学科研究中常常应用到另一种度量角的制度——弧度制。

我们规定：在一个圆中，长度等于半径长的圆弧所对圆心角叫作 1 弧度的角，弧度记做 rad（“rad”常略去不写）。如图 6-2-1 所示，弧 AB 对的圆心$\angle AOB$ 就是 1 弧度的角，1 就是$\angle AOB$ 的弧度数。

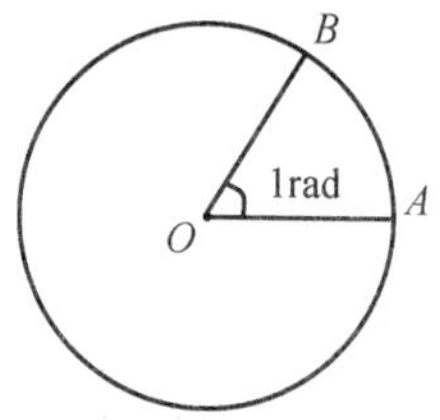

图 6-2-1

同时，我们规定：正角的弧度数为正数，负角的弧度数为负数，零角的弧度数为 0。

思考交流

在不同的两个圆中，长度分别等于它们半径的弧所对的圆心角相等吗？

我们知道，一个周角等于 360°，一个周角所对的弧长 $l=2\pi r$（其中 r 是圆的半径）就是一个整圆周长，它的弧度数是

$$\frac{l}{r}=\frac{2\pi r}{r}=2\pi$$

因此得到角度和弧度的换算公式：

$$180°=\pi \text{rad}$$

$$1°=\frac{\pi}{180}\text{rad}\approx 0.01745\text{rad}。$$

$$1\text{rad}=\left(\frac{180}{\pi}\right)^{\circ}\approx 57.30°=57°18'。$$

例 1　把 67°30′化成弧度。

解　$67°30'=67.5°$，化成弧度为 $67.5°=67.5\times\frac{\pi}{180}\text{rad}=\frac{3\pi}{8}\text{rad}$。

例 2　把$\frac{11\pi}{6}$弧度化为角度。

解　$\frac{11\pi}{6}\text{rad}=\frac{11\pi}{6}\times\frac{180^\circ}{\pi}=330^\circ$。

例 3　将下列各角化成 $\alpha+2k\pi$（$0\leqslant\alpha<2\pi$，$k\in\mathbf{Z}$）的形式，并指出它们是第几象限角。

（1）$\frac{19\pi}{3}$；　　　　（2）$-\frac{31\pi}{6}$。

解　（1）$\frac{19\pi}{3}=\frac{\pi}{3}+6\pi$，$\frac{19\pi}{3}$与$\frac{\pi}{3}$（即$60^\circ$）终边相同，故$\frac{19\pi}{3}$是第一象限角；

（2）$-\frac{31\pi}{6}=\frac{5\pi}{6}-6\pi$，$-\frac{31\pi}{6}$与$\frac{5\pi}{6}$（即$150^\circ$）终边相同，故$-\frac{31\pi}{6}$是第二象限角。

一般地，所有与角 α 终边相同的角的集合，用弧度表示为

$$\{\beta \mid \beta=\alpha+2k\pi,\ k\in\mathbf{Z}\}。$$

下面是一些特殊角的度数与弧度数的对照表如表 6-2-1 所示。

表 6-2-1　一些特殊角的度数与弧度数对照表

度	0°	30°	45°	60°	90°	180°	270°	360°
弧度	0	$\frac{\pi}{6}$	$\frac{\pi}{4}$	$\frac{\pi}{3}$	$\frac{\pi}{2}$	π	$\frac{3\pi}{2}$	2π

练　习

1. 将下列角化为弧度：

（1）60°；　　（2）135°；　　（3）-180°。

2. 将下列弧度化为角度：

（1）$\frac{3\pi}{4}$；　　（2）$\frac{2\pi}{3}$；　　（3）$-\frac{5\pi}{2}$。

习　题

1. 时钟的分针和时针 1h20min 内转过的弧度数分别为________和________。

2. 将下列角化为弧度：

（1）90°；　　（2）120°；　　（3）-45°；　　（4）-270°。

3. 将下列弧度化为角度：

（1）$\frac{\pi}{6}$；　　（2）π；　　（3）$-\frac{3\pi}{4}$；　　（4）-2π。

6.3　任意角的三角函数

6.3.1　任意角的三角函数

将任意角 α 放在直角坐标系中，使角的顶点与原点重合，角的始边与 x 轴正半轴重合。如图 6-3-1 所示，设 α 终边上的任意一点 P 的坐标为 $(x，y)$，它与原点的距离为 r $(r>0)$，$r=\sqrt{x^2+y^2}$，我们定义：

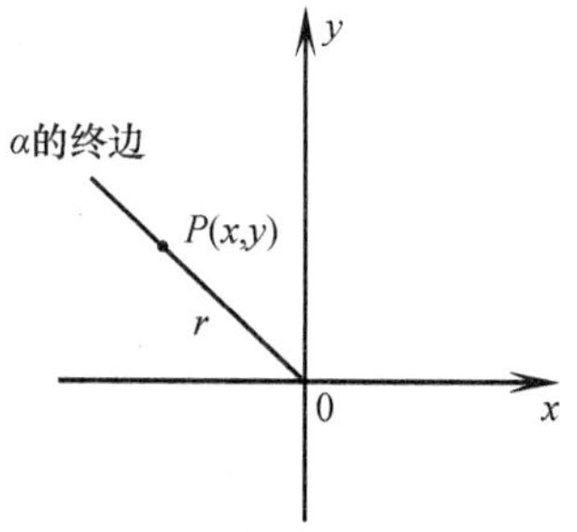

图 6-3-1

比值$\frac{y}{r}$叫作 α 的正弦值，记作 $\sin\alpha$，即 $\sin\alpha=\frac{y}{r}$；

比值$\frac{x}{r}$叫作 α 的余弦值，记作 $\cos\alpha$，即 $\cos\alpha=\frac{x}{r}$；

比值$\frac{y}{x}$叫作 α 的正切值，记作 $\tan\alpha$，即 $\tan\alpha=\frac{y}{x}$。

对于每一个确定的角 α，都分别有唯一的正弦值、余弦值、正切值与之对应，所以这三个对应关系都是以 α 为自变量的函数。$\sin\alpha$，$\cos\alpha$ 和 $\tan\alpha$ 分别叫作角 α 的正弦函数、余弦函数、正切函数。

例 1　已知角 α 的终边经过点 P $(2，-3)$，求 $\sin\alpha$，$\cos\alpha$ 和 $\tan\alpha$。

解　因为 $x=2$，$y=-3$，所以 $r=\sqrt{x^2+y^2}=\sqrt{2^2+(-3)^2}=\sqrt{13}$，于是

$$\sin\alpha=\frac{y}{r}=\frac{-3}{\sqrt{13}}=-\frac{3\sqrt{13}}{13};$$

$$\cos\alpha=\frac{x}{r}=\frac{2}{\sqrt{13}}=\frac{2\sqrt{13}}{13};$$

$$\tan\alpha=\frac{y}{x}=\frac{-3}{2}=-\frac{3}{2}。$$

问题解决

填写下表：

α	0°	30°	45°	60°	90°	120°	150°	270°	360°
弧度									
$\sin\alpha$									
$\cos\alpha$									
$\tan\alpha$									

练　习

已知角 α 终边上一点 P 的坐标如下，求 $\sin\alpha$，$\cos\alpha$ 和 $\tan\alpha$。

(1) (3，4)；　　　　(2) (1，0)。

6.3.2　任意角的三角函数值的符号

下面我们研究正弦、余弦和正切函数的定义域及其函数值的在各象限内的符号。

探究

对于任意角 α，设点 $P(x,y)$ 是角 α 终边上异于原点 O 的任意一点，点 P 到原点 O 的距离为 r，那么 $\frac{y}{r}$，$\frac{x}{r}$ 和 $\frac{y}{x}$ 始终有意义吗？

对于正弦函数 $\sin\alpha=\frac{y}{r}$，因为 $r>0$，$\frac{y}{r}$ 恒有意义，所以正弦函数的定义域是 **R**。类似地，可知余弦函数的定义域是 **R**。

对于正切函数 $\tan\alpha=\frac{y}{x}$ 来说，x 不能为零，即 α 的终边不能在 y 轴上，所以正切函数的定义域为 $\left\{\alpha \,\middle|\, \alpha\neq\frac{\pi}{2}+k\pi,\ k\in\mathbf{Z}\right\}$。

思考交流

$P(x,y)$ 为角 α 终边上异于原点 O 的一点，$\sin\alpha$，$\cos\alpha$ 和 $\tan\alpha$ 的符号与 x，y 有什么关系？

正弦、余弦和正切函数的值在各象限内的符号如图 6-3-2 所示。

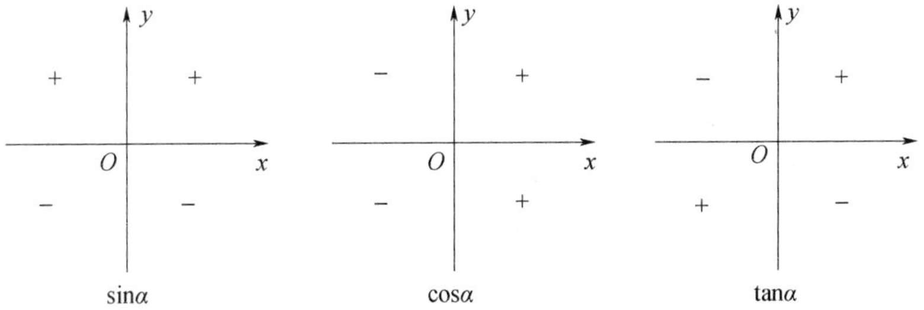

图 6-3-2

例 2　确定下列各三角函数值的符号：

(1) $\sin120^\circ$；　　(2) $\cos250^\circ$；　　(3) $\sin\left(-\frac{\pi}{4}\right)$。

解　(1) 因为 $120°$ 是第二象限角，所以 $\sin 120°>0$。

(2) 因为 $250°$ 是第三象限角，所以 $\cos 250°<0$。

(3) 因为 $-\frac{\pi}{4}$ 是第四象限角，所以 $\sin\left(-\frac{\pi}{4}\right)<0$。

例 3　根据下列条件，确定 θ 角所在的象限：$\cos\theta<0$ 且 $\tan\theta>0$。

解　因为 $\cos\theta<0$，所以 θ 在第二或第三象限或 θ 的终边在 x 轴的负半轴上。

又因为 $\tan\theta>0$，所以 θ 在第一或第三象限。

即满足条件 $\cos\theta<0$ 且 $\tan\theta>0$ 的角应在第三象限。

问题解决

已知角 α 是三角形的一个内角，在 $\sin\alpha$，$\cos\alpha$ 和 $\tan\alpha$ 中哪些有可能是负值？

练　习

1. 确定下列三角函数值的符号：

(1) $\sin 100°$；　(2) $\cos 200°$；　(3) $\sin\left(-\frac{\pi}{3}\right)$。

2. 根据下列条件，确定 θ 角所在的象限，$\sin\theta>0$ 且 $\tan\theta<0$。

习　题

1. 角 α 的终边经过点 $P\left(\frac{1}{2},\frac{\sqrt{3}}{2}\right)$，求 $\sin\alpha$，$\cos\alpha$ 和 $\tan\alpha$。

2. 求下列各角的正弦值、余弦值和正切值。

(1) $-\frac{\pi}{3}$；　(2) $\frac{2\pi}{3}$；　(3) $\frac{4\pi}{3}$。

3. 若点 $P(-3,y)$ 是角 α 终边上一点，且 $\sin\alpha=-\frac{2}{3}$，则 y 的值是________。

4. 确定下列三角函数值的符号：

(1) $\sin(-560°)$；　(2) $\cos\frac{16\pi}{5}$；　(3) $\tan\left(-\frac{17\pi}{8}\right)$。

6.4　同角三角函数的基本关系

当角 α 确定后，角 α 的正弦、余弦和正切值也随之确定。从定义中可以看出这些三角函数值是互相关联的。

有向线段 MP，OM 和 AT，分别叫作角的正弦线、余弦线和正切线，统称为三角函数线，如图 6-4-1 所示。

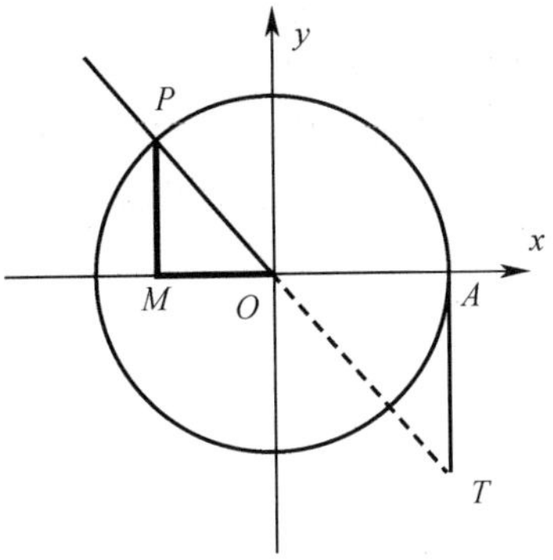

图 6-4-1

探究

同一个角的不同三角函数之间的关系如何？

如图 6-4-2 所示，设 α 是任意角，它的终边与单位圆交与点 P，那么，正弦线 MP 和余弦线 OM 的长度有什么内在联系？由此能得到什么结论？

同角三角函数

6.4　同角三角函数的基本关系

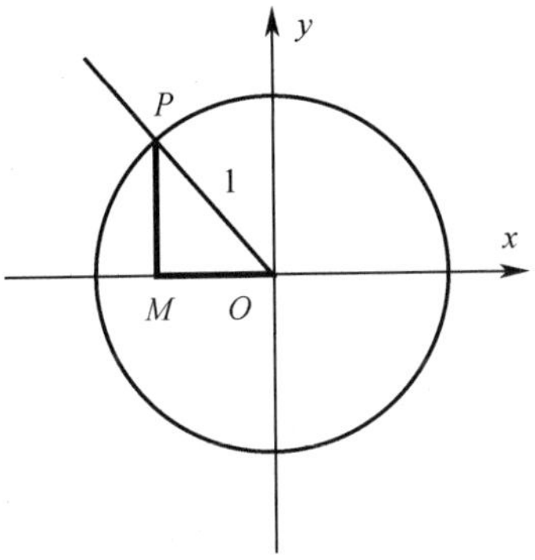

图 6-4-2

结论：$MP^2+OM^2=1$

即$\sin^2\alpha+\cos^2\alpha=1$

$$\sin^2\alpha+\cos^2\alpha=1 \tag{6.1}$$

上式关系反映了角 α 的正弦和余弦之间的内在联系，我们称为平方关系。设角 α 的终边与单位圆交与点 P（x，y），根据三角函数的定义，有：

$$\sin\alpha=y，\cos\alpha=x，\tan\alpha=\frac{y}{x}\ (x\neq0)$$

思考交流

你能发现 $\sin\alpha$，$\cos\alpha$ 和 $\tan\alpha$ 满足什么关系么？

$$\frac{\sin\alpha}{\cos\alpha}=\tan\alpha,\ \left(\alpha\neq\frac{\pi}{2}+k\pi,\ k\in\mathbf{Z}\right) \tag{6.2}$$

同角三角函数之间的基本关系有：同一个角 α 的正弦和余弦的平方和等于 1，商等于角的正切。利用这两个关系式，就可以由一个角的某个三角函数值，求出这个角的其余三角函数值。此外，还可以利用这两个关系式化简三角函数式。

例 1　已知 $\sin\alpha=-\frac{3}{5}$，且 α 是第三象限角，求 $\cos\alpha$，$\tan\alpha$。

解　因为$\sin^2\alpha+\cos^2\alpha=1$，所以

$$\cos^2\alpha=1-\sin^2\alpha=1-\left(-\frac{3}{5}\right)^2=\left(\frac{4}{5}\right)^2$$

$\cos\alpha=\pm\sqrt{\left(\frac{4}{5}\right)^2}=\pm\frac{4}{5}$，又因为 α 是第三象限角，所以 $\cos\alpha<0$。从而

$$\cos\alpha=-\frac{4}{5}。$$

由 $\tan\alpha=\frac{\sin\alpha}{\cos\alpha}$，得 $\tan\alpha=\frac{-\frac{3}{5}}{-\frac{4}{5}}=\frac{3}{4}$。

例 2　已知 $\cos\alpha=-\frac{5}{13}$，求 $\sin\alpha$，$\tan\alpha$。

解　因为$\sin^2\alpha+\cos^2\alpha=1$，所以

$$\sin^2\alpha=1-\cos^2\alpha=1-\left(-\frac{5}{13}\right)^2=\left(\frac{12}{13}\right)^2$$

$$\sin\alpha=\pm\sqrt{1-\cos^2\alpha}=\pm\sqrt{\left(\frac{12}{13}\right)^2}=\pm\frac{12}{13}$$

又因为 $\cos\alpha=-\frac{5}{13}<0$，所以 α 是第二或第三象限角。

（1）当 α 是第二象限角时，$\sin\alpha>0$，从而

$$\sin\alpha=\frac{12}{13},\ \tan\alpha=\frac{\sin\alpha}{\cos\alpha}=-\frac{12}{5}。$$

（2）当 α 是第三象限角时，$\sin\alpha<0$，从而

$$\sin\alpha=-\frac{12}{13},\ \tan\alpha=\frac{\sin\alpha}{\cos\alpha}=\frac{12}{5}。$$

例 3　已知 $\tan\alpha=-\frac{\sqrt{3}}{3}$，且 α 是第二象限角，求 $\sin\alpha$，$\cos\alpha$。

解　由题意和同角三角函数的基本关系，可列方程组

$$\begin{cases}\sin^2\alpha+\cos^2\alpha=1 & (1)\\ \frac{\sin\alpha}{\cos\alpha}=-\frac{\sqrt{3}}{3} & (2)\end{cases}$$

由（2），得 $\sin\alpha=-\frac{\sqrt{3}}{3}\cos\alpha$。

代入（1），得$\cos^2\alpha=\frac{3}{4}$。

因为 α 是第二象限角，所以 $\cos\alpha=-\frac{\sqrt{3}}{2}$。

代入（2），得 $\sin\alpha=-\frac{\sqrt{3}}{3}\times\left(-\frac{\sqrt{3}}{2}\right)=\frac{1}{2}$。

练　习

1. 判断正误：

（1）因为$\sin^2\alpha+\cos^2\alpha=1$，所以$\sin^4\alpha+\cos^4\alpha=1$。（　　）

（2）$\sin^4\alpha-\cos^4\alpha=\sin^2\alpha-\cos^2\alpha$。（　　）

（3）$\sin^2\alpha+\cos^2\beta=1$（$\alpha\neq\beta$）。（　　）

（4）$\sin^2 3\alpha+\cos^2 3\alpha=1$。（　　）

2. 已知 $\sin\alpha=\frac{1}{2}$，且 α 是第一象限角，求 $\cos\alpha$，$\tan\alpha$。

3. 已知 $\cos\alpha=-\frac{3}{5}$，求 $\sin\alpha$，$\tan\alpha$。

例 4　化简 $\cos\alpha\tan\alpha$。

解　$\cos\alpha\tan\alpha=\cos\alpha\times\frac{\sin\alpha}{\cos\alpha}=\sin\alpha$。

例 5　化简 $\sqrt{1-\sin^2 440^\circ}$。

解　原式$=\sqrt{1-\sin^2(80^\circ+360^\circ)}$

$=\sqrt{1-\sin^2 80^\circ}$

$=\sqrt{\cos^2 80^\circ}$

$=|\cos 80^\circ|$

$=\cos 80^\circ$。

练　习

1. 化简：

（1）$\sqrt{1-\sin^2\frac{\pi}{5}}$；　　（2）$\frac{\sin\alpha-\cos\alpha}{\tan\alpha-1}$。

2. 已知 α 是三角形的内角，且 $\sin\alpha+\cos\alpha=\frac{1}{5}$。

（1）求 $\tan\alpha$ 的值；

（2）求$\frac{1}{\cos^2\alpha-\sin^2\alpha}$的值。

习　题

1. 已知 $\cos\alpha=\frac{1}{2}$，且 α 是第四象限角，求 $\sin\alpha$，$\tan\alpha$。

2. 已知 $\sin\alpha=\frac{1}{5}$，且 $\tan\alpha<0$，求 $\cos\alpha$，$\tan\alpha$。

3. 化简下列各式：

（1）$\cos\alpha\cdot\tan\alpha$；

（2）$\frac{1-\sin^2\alpha}{\sin\alpha}\cdot\tan\alpha$；

（3）$\frac{2\cos^2x-1}{1-2\sin^2x}$。

4. 已知 $\tan\alpha=5$，求$\frac{\sin\alpha-4\cos\alpha}{2\sin\alpha-3\cos\alpha}$的值。

5. 求证：$\frac{\tan\alpha+1}{\tan\alpha-1}=\frac{\sin\alpha+\cos\alpha}{\sin\alpha-\cos\alpha}$。

6.5　三角函数诱导公式

探究

终边相同的角的同名三角函数有什么关系？

由三角函数的定义可知，在直角坐标系中，角 α 的三角函数值完全由角 α 的终边的位置决定，而与角 α 的始边 Ox 旋转到终边所转过的圈数无关。这就是说，终边相同的角的同名三角函数值相等。因此，我们有以下结论。

诱导公式 1

$$\left.\begin{aligned}\sin(\alpha+2k\pi)&=\sin\alpha\\\cos(\alpha+2k\pi)&=\cos\alpha\\\tan(\alpha+2k\pi)&=\tan\alpha\end{aligned}\right\}(k\in\mathbf{Z})\qquad(6.3)$$

例 1　求值：

（1）$\cos\frac{9\pi}{4}$；　　（2）$\tan\left(-\frac{11\pi}{6}\right)$。

解　（1）$\cos\frac{9\pi}{4}=\cos\left(2\pi+\frac{\pi}{4}\right)=\cos\frac{\pi}{4}=\frac{\sqrt{2}}{2}$。

（2）$\tan\left(-\frac{11\pi}{6}\right)=\tan\left(\frac{\pi}{6}-2\pi\right)=\tan\frac{\pi}{6}=\frac{\sqrt{3}}{3}$。

除此之外，还有一些角，它们的终边具有某种特殊的关系。$-\alpha$ 与 α 终边关于 x 轴对称，$\pi-\alpha$ 与 α 终边关于 y 轴对称，$\pi+\alpha$ 与 α 终边关于原点对称，如图 6-5-1 所示。

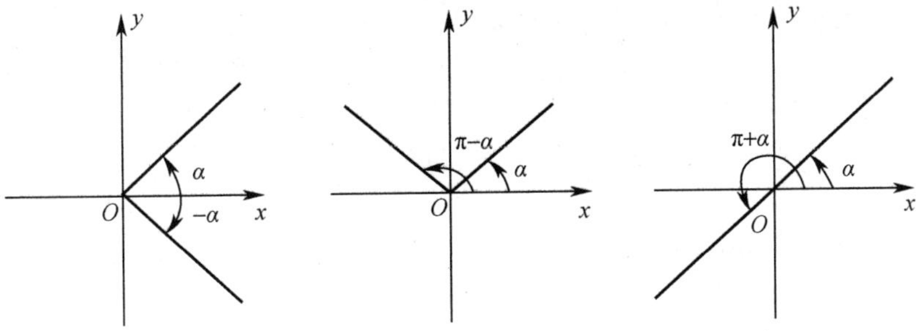

图 6-5-1

下面将 $-\alpha$，$\pi-\alpha$，$\pi+\alpha$ 的三角函数值用 α 的三角函数值表示出来。

诱导公式

6.5　三角函数诱导公式的推导

诱导公式 2

$$\left.\begin{aligned}\sin(-\alpha)&=-\sin\alpha\\ \cos(-\alpha)&=\cos\alpha\\ \tan(-\alpha)&=-\tan\alpha\end{aligned}\right\}\qquad(6.4)$$

诱导公式 3

$$\left.\begin{aligned}\sin(\pi-\alpha)&=\sin\alpha\\ \cos(\pi-\alpha)&=-\cos\alpha\\ \tan(\pi-\alpha)&=-\tan\alpha\end{aligned}\right\}\qquad(6.5)$$

诱导公式 4

$$\left.\begin{aligned}\sin(\pi+\alpha)&=-\sin\alpha\\ \cos(\pi+\alpha)&=-\cos\alpha\\ \tan(\pi+\alpha)&=\tan\alpha\end{aligned}\right\}\qquad(6.6)$$

这样，运用诱导公式 1～4 可将任意角的三角函数值转化为 $\left[0,\frac{\pi}{2}\right]$ 内的角的三角函数值。

例 2　求下列三角函数值：

（1）$\sin(-60^\circ)$；　　（2）$\cos\left(-\frac{19\pi}{3}\right)$。

解　（1）$\sin(-60^\circ)=-\sin60^\circ=-\frac{\sqrt{3}}{2}$。

（2）$\cos\left(-\frac{19\pi}{3}\right)=\cos\frac{19\pi}{3}=\cos\left(\frac{\pi}{3}+6\pi\right)=\cos\frac{\pi}{3}=\frac{1}{2}$。

例 3　求值：

（1）$\sin150^\circ$；　　（2）$\cos120^\circ$；　　（3）$\tan\frac{3\pi}{4}$。

解　（1）$\sin150^\circ=\sin(180^\circ-30^\circ)=\sin30^\circ=\frac{1}{2}$。

（2）$\cos120^\circ=\cos(180^\circ-60^\circ)=-\cos60^\circ=-\frac{1}{2}$。

(3) $\tan\frac{3\pi}{4}=\tan\left(\pi-\frac{\pi}{4}\right)=-\tan\frac{\pi}{4}=-1$。

例 4 求值：

(1) $\sin\frac{4\pi}{3}$；　(2) $\cos210°$；　(3) $\tan\frac{5\pi}{4}$。

解 (1) $\sin\frac{4\pi}{3}=\sin\left(\pi+\frac{\pi}{3}\right)=-\sin\frac{\pi}{3}=-\frac{\sqrt{3}}{2}$。

(2) $\cos210°=\cos(30°+180°)=-\cos30°=-\frac{\sqrt{3}}{2}$。

(3) $\tan\frac{5\pi}{4}=\tan\left(\pi+\frac{\pi}{4}\right)=\tan\frac{\pi}{4}=1$。

练　习

求下列三角函数值：

(1) $\cos225°$；　(2) $\sin\left(-\frac{\pi}{3}\right)$；　(3) $\tan\left(-\frac{3\pi}{4}\right)$。

例 5 求下列各三角函数的值：

(1) $\sin(-1665°)$；　(2) $\cos\left(-\frac{10\pi}{3}\right)$。

解 (1) $\sin(-1665°)=-\sin1665°=-\sin(225°+4\times360°)=-\sin225°$

$=-\sin(180°+45°)=\sin45°=\frac{\sqrt{2}}{2}$。

(2) $\cos\left(-\frac{10\pi}{3}\right)=\cos\left(\frac{2\pi}{3}-4\pi\right)=\cos\frac{2\pi}{3}$

$=\cos\left(\pi-\frac{\pi}{3}\right)=-\cos\frac{\pi}{3}=-\frac{1}{2}$。

例 6 化简：

(1) $\frac{-\sin(180°+\alpha)+\sin(-\alpha)-\tan(360°+\alpha)}{\tan(180°+\alpha)+\cos(-\alpha)+\cos(180°-\alpha)}$；

(2) $\sin120°\cos330°+\sin(-690°)\cos(-660°)$。

解 (1) 原式$=\frac{\sin\alpha-\sin\alpha-\tan\alpha}{\tan\alpha+\cos\alpha-\cos\alpha}=-1$。

(2) 原式$=\sin(180°-60°)\cos(360°-30°)+\sin(30°-720°)\cos(60°-720°)$

$=\sin60°\cos30°+\sin30°\cos60°$

$=\frac{\sqrt{3}}{2}\times\frac{\sqrt{3}}{2}+\frac{1}{2}\times\frac{1}{2}$

$=\frac{3}{4}+\frac{1}{4}$

$=1$。

练　习

1. 求下列三角函数值：

(1) $\cos(-120°)$；

(2) $\sin\frac{5\pi}{6}$。

2. 化简$\frac{\cos(180°+\alpha)\sin(\alpha+360°)}{\sin(-180°-\alpha)\cos(-180°-\alpha)}$。

习　题

1. 求下列三角函数值：

(1) $\sin150°$；　　(2) $\cos150°$；

(3) $\sin210°$；　　(4) $\cos210°$。

2. 已知 $\tan\alpha=3$，求$\frac{2\cos(\pi-\alpha)-3\sin(\pi+\alpha)}{4\cos(-\alpha)-\sin(2\pi-\alpha)}$的值。

3. 求 $2\sin(-1110°)-\sin960°+\sqrt{2}\cos(-225°)+\cos(-210°)$ 的值。

4. 求下列各式的值：

(1) $\sin^2 20°+\sin^2 70°$；　　(2) $\frac{\sin10°}{\cos80°}$。

6.6　已知三角函数值求角

已知任意一个角，可以求出它的三角函数值（角必须属于这个函数的定义域）；反之，已知一个三角函数值，也可以求出与它对应的角。

例 1　已知 $\sin\alpha=\frac{\sqrt{2}}{2}$，且 $0\leqslant\alpha<2\pi$，求 α。

解　因为 $\sin\alpha=\frac{\sqrt{2}}{2}>0$ 且 $\sin\alpha\neq1$，所以 α 是第一或第二象限角。

由 $\sin\frac{\pi}{4}=\frac{\sqrt{2}}{2}$，可知 $\alpha_1=\frac{\pi}{4}$，这是符合条件的第一象限角。

又由 $\sin\left(\pi-\frac{\pi}{4}\right)=\sin\frac{\pi}{4}=\frac{\sqrt{2}}{2}$，可得符合条件的第二象限角

$$\alpha_2=\pi-\frac{\pi}{4}=\frac{3\pi}{4}$$

所以 $\alpha=\frac{\pi}{4}$或$\frac{3\pi}{4}$。

例 2　已知 $\sin x=-\frac{1}{2}$，$x\in[0, 2\pi)$，求 x。

解　因为 $\sin x=-\frac{1}{2}<0$ 且 $\sin x\neq -1$，所以 x 是第三或第四象限角。

先求出符合条件 $\sin\theta=\frac{1}{2}$ 的锐角 $\theta=\frac{\pi}{6}$。

因为 $\sin(\pi+\theta)=-\sin\theta=-\frac{1}{2}$，所以 $x_1=\pi+\frac{\pi}{6}=\frac{7\pi}{6}$，这是符合条件的第三象限角。

因为 $\sin(2\pi-\theta)=-\sin\theta=-\frac{1}{2}$，所以符合条件的第四象限角，所以

$$x_2=2\pi-\frac{\pi}{6}=\frac{11\pi}{6}$$

所以 $x=\frac{7\pi}{6}$ 或 $\frac{11\pi}{6}$。

练　习

1. 已知 $\sin\alpha=\frac{\sqrt{3}}{2}$，求 α。

2. 已知 $\sin x=-\frac{\sqrt{2}}{2}$，$x\in[0, 2\pi)$，求 x。

例 3　已知 $\cos x=-\frac{1}{2}$，$x\in[0, 2\pi)$，求 x。

解　因为 $\cos x=-\frac{1}{2}<0$ 且 $\cos x\neq -1$，所以 x 是第二或第三象限角。

符合条件 $\cos\theta=\frac{1}{2}$ 的锐角 $\theta=\frac{\pi}{3}$。

由 $\cos(\pi-\theta)=-\cos\theta=-\frac{1}{2}$，可得 $x_1=\pi-\frac{\pi}{3}=\frac{2\pi}{3}$，这是符合条件的第二象限角。

又由 $\cos(\pi+\theta)=-\cos\theta=-\frac{1}{2}$，可得符合条件的第三象限角

$$x_2=\pi+\frac{\pi}{3}=\frac{4\pi}{3}$$

所以 $x=\frac{2}{3}\pi$ 或 $\frac{4}{3}\pi$。

例 4　已知 $\tan x=-\sqrt{3}$，$x\in\left(-\frac{\pi}{2}, \frac{\pi}{2}\right)$，求 x。

解　因为 $\tan x=-\sqrt{3}<0$，所以 $-\frac{\pi}{2}<x<0$。

由 $\tan\left(-\frac{\pi}{3}\right)=-\tan\frac{\pi}{3}=-\sqrt{3}$，可得 $x=-\frac{\pi}{3}$。

练　习

1. 已知 $\cos\alpha=\frac{\sqrt{2}}{2}$，$\alpha\in[0，2\pi)$，求 α。

2. 已知 $\tan\alpha=\frac{\sqrt{3}}{3}$，$\alpha\in[0，2\pi)$，求 α。

习　题

求适合下列各式的 α（$\alpha\in[0，2\pi]$）：

（1）$\sin\alpha=-\frac{\sqrt{3}}{2}$；

（2）$\cos\alpha=\frac{1}{2}$；

（3）$\tan\alpha=1$。

回顾与小结

本章节主要学习有关角的相关知识。

一、角

1. 角的概念推广

理解任意角的概念，会判断角所在的象限，掌握终边相同的角的表示方法。

2. 弧度制

理解弧度制的意义，会进行角度与弧度的互化，掌握弧长和扇形面积的计算公式。

二、三角函数

1. 任意角的三角函数

理解任意角的三角函数的意义，会求任意角的三角函数值，掌握正弦、余弦和正切函数的定义域，会判断正弦、余弦和正切函数在各个象限内的符号。

2. 同角三角函数的基本关系

掌握同角三角函数的基本关系，并会通过这些基本关系对三角函数式进行化简、变形。

3. 三角函数诱导公式

理解三角函数诱导公式的意义，会借助诱导公式将任意角的三角函数值转化为 $[0，2\pi]$ 内的角的三角函数值。

4. 已知三角函数值求角

会由特殊三角函数值求出指定范围内的角。

复习题

1. 填空题：

（1）与$-490°$终边相同的角的集合是________，该集合中的角都是第________象限角。

（2）P（-2，1）为角α终边上一点，则$\sin\alpha=$__________，$\cos\alpha=$__________，$\tan\alpha=$________。

2. 设r为圆的半径，则弧长为$\frac{3}{4}r$的圆弧所对的圆心角为（　　）。

A. $135°$　　B. $\frac{135°}{\pi}$

C. $145°$　　D. $\frac{145°}{\pi}$

3. 下列命题中正确的是（　　）。

A. 终边在x轴负半轴上的角是零角

B. 第二象限角一定是钝角

C. 第四象限角一定是负角

D. 若$\beta=\alpha+k\cdot 360°$（$k\in\mathbf{Z}$），则α与β终边相同

4. 若α为第一象限角，则$\alpha+k\cdot 180°$（$k\in\mathbf{Z}$）的终边所在的象限是（　　）。

A. 第一象限　　B. 第一、二象限

C. 第一、三象限　　D. 第一、四象限

5. 下列各角中，与角$330°$的终边相同的是（　　）。

A. $150°$　　B. $390°$

C. $510°$　　D. $-150°$

6. $\sin 1560°$的值为（　　）。

A. $-\frac{1}{2}$　　B. $\frac{1}{2}$

C. $-\frac{\sqrt{3}}{2}$　　D. $\frac{\sqrt{3}}{2}$

7. 已知$\sin\alpha=-\frac{7}{25}$，且$\alpha\in\left(\frac{3\pi}{2},\ 2\pi\right)$，求$\cos\alpha$，$\tan\alpha$。

8. 已知$\theta\in(0,\ \pi)$，$\sin\theta+\cos\theta=\frac{1}{2}$，求：

（1）$\sin\theta\cdot\cos\theta$；　　（2）$\sin\theta-\cos\theta$。